Diário de uma *ninfomaníaca*

Valérie Tasso

Diário de uma *ninfomaníaca*

Um relato real

Tradução
Sandra Martha Dolinsky

essência

Título original: Diario de una ninfómana

Nota da autora

Todos os nomes que aparecem no livro são inventados para proteger a intimidade dos personagens. Qualquer semelhança de tais nomes com a realidade é mera coincidência.

Preparação de texto: Valéria Sanalios
Revisão: Márcia Benjamim e Fernanda Iema
Diagramação: 2 estúdio gráfico
Capa: Departamento de criação Editora Planeta do Brasil
Imagem de capa: © Autumn Sonnichsen
Imagem de miolo: Depositphotos.com

CIP-Brasil. Catalogação na fonte
Sindicato Nacional dos Editores de Livros, RJ

T214d

Tasso, Valérie
Diário de uma ninfomaníaca / Valérie Tasso ; tradução Sandra Martha Dolinsky. - 1. ed. - São Paulo : Planeta, 2015.

Tradução de: Diario de una ninfómana
ISBN 978-85-422-0536-7

1. Ficção francesa. I. Dolinsky, Sandra Martha. II. Título.

15-22048 CDD: 843
CDU: 821.133.1-3

2015
Todos os direitos desta edição reservados à
EDITORA PLANETA DO BRASIL LTDA.
Rua Padre João Manoel, 100 - 21º andar
Edifício Horsa II - Cerqueira César
01411-000 - São Paulo - SP
www.planetadelivros.com.br
atendimento@editoraplaneta.com.br

Para Giovanni

Minha maratona de 1.200 metros

Os encontros se sucedem,
mas nunca são semelhantes...

Perdi a virgindade em 17 de julho de 1984, às 2:46:50 da madrugada. Aos 15 anos. Um momento desses jamais é esquecido.

Foi durante umas férias na casa da avó da minha amiga Emma, em uma cidadezinha nas montanhas.

Logo fiquei encantada com aquele lugar, que cheirava a eternidade, e com o grupo de garotos com quem saíamos. Mas só um deles havia chamado a minha atenção: Edouard.

A casa da avó da minha amiga tinha um jardim divino e ficava ao lado de um riozinho que tornava o quente clima da estação, o verão, mais agradável. Em frente, havia um campo com mais de um metro de vegetação, um cenário típico de lugares onde costuma chover muito. Emma e eu passávamos tardes inteiras escondidas ali, deitadas, conversando com os garotos e amassando a grama com o peso de nosso corpo, intumescido por conta da puberdade. À noite, escalávamos os muros da casa para encontrar de novo os garotos e flertar.

Eu nunca contei a Emma o que aconteceu. Certa noite, Edouard me levou para sua casa. Lembro que não senti nada, só uma imensa vergonha por não ter sangrado e, ao mesmo tempo, uma estranha sensação de ter feito xixi na cama. Saí da casa sem ser percebida, camuflada pelo barulho da descarga do banheiro, que apertei para disfarçar meus passos na escada.

Só vi Edouard de novo onze anos depois, em Paris, em uma conferência organizada em um hotel. Trancamo-nos no banheiro masculino, tentando reviver aquele desejo de mais de uma década atrás, talvez por medo de crescer ou por nostalgia. Mas, já não era a mesma coisa, e, uma vez mais, o barulho da descarga anunciou minha saída do banheiro público, dessa vez para sempre da vida dele.

Depois da minha primeira vez veio o sentimento de culpa, que tentei esquecer, ou pelo menos mitigar, repetindo a experiência até chegar à maioridade. Não porque eu tivesse muitos desejos prematuros, mas porque queria experimentar, por pura curiosidade.

De início, atribuí esses impulsos ao fato de a Mãe Natureza ter me dotado de uma sensibilidade especial, à qual eu respondia com o corpo. Foi então que me matriculei na universidade, no fim da década de 1980.

Durante esses anos de estudos eu estava mais concentrada em minha carreira que nos garotos. Queria ser diplomata. No fim, tive que mudar minha orientação universitária e me formei em Línguas Estrangeiras Aplicadas à Empresa sem muito esforço.

Minha família me legou boas maneiras, o saber se portar e uma educação bastante tradicional, tudo impregnado por uma falta de comunicação que me fez interiorizar cada vez mais meus sentimentos. Uma garota como eu não podia comentar com os pais que havia se iniciado na vida sexual.

No último ano da faculdade retomei minhas atividades sexuais. Eu havia notado que algo especial em mim atraía rapazes da mesma condição que eu. Eu era uma feiticeira, e comecei a procurar "Merlins" encantadores em todos os recantos da cidade, gente com chama acesa, amantes, cujas pequenas veias marcadas debaixo da pele tinham sempre algo sexy. Homens nos quais eu pudesse sentir a pulsação de seus punhos. Seres capazes de ouvir a caneta sobre o papel e de se emocionar diante da amplitude de uma mancha de tinta em uma folha branca. Homens que enxergavam, como eu, as partículas que compõem o ar, que podiam perceber suas diversas cores. Gente a quem o odor do vaso entupido em uma balada às quatro da manhã as fazia recordar a fragilidade do ser humano.

Gente que fazia eu me sentir viva.

Sei que, no fundo, essa busca era a manifestação de uma terrível doença: o silêncio, a solidão, a falta de comunicação. Por isso, decidi registrar minhas experiências em um diário. Era a única forma de me entregar e me comunicar. Eu já havia tentado várias vezes e da maneira mais natural: conversando. Mas eu era muito inepta, porque minhas palavras sempre saíam sem a devida consciência do que diria. Algo impossível para uma diplomata!

Minha comunicação verdadeira começou com o corpo, com o movimento dos quadris, o olhar. Quando me veio um "sim", ao molhar os lábios com a língua ou por meio de um olhar, e um "não", ao cruzar os braços, então compreendi.

Alguns homens adoram, enquanto transam, ouvir a mulher falar. Eu nunca soube fazer isso muito bem, o que me valeu muitos desgostos. Alguns homens desapareceram depois do primeiro encontro, reconhecendo, de qualquer maneira, que eu era uma boa amante; mas me faltava a comunicação.

— O que você entende por comunicação? — eu questionava, pondo o cara para fora e batendo-lhe a porta na cara.

Entendi que as pessoas têm necessidade de dar nome às coisas, de simplificá-las com palavras, pensando com isso, equivocadamente, que assim as podem compreender. Eu, porém, passei a me comunicar cada vez menos com as palavras e mais com o corpo.

Se quiser dar um nome a isso, vá em frente! Não ligo! Mas saiba que o que sou, na realidade, é uma ninfa. Uma nereida. Uma dríade.

O poder afrodisíaco da Coca-Cola

20 de março de 1997

Hoje Hassan me ligou no escritório. Hassan... Faz dois anos que não tenho notícias dele.

— Filha da mãe — foi a primeira coisa que me disse —, você sumiu do mapa! Mas viu como eu sei onde encontrá-la? Vou a Barcelona esta semana, para o jornal. Gostaria de vê-la.

Hassan... Tive uma relação de dois anos (não seguidos) com Hassan. Ele gostava (ainda gosta?) especialmente de introduzir em minha vagina garrafas vazias de 250 ml de Coca-Cola. Primeiro me fazia beber a Coca, e depois... Não sei por que essa obsessão por Coca-Cola, ou melhor, pela garrafinha. Acho que ele deve ter complexo do seu pênis, que, verdade seja dita, não tem grandes qualidades morfológicas nem artísticas.

Além do sexo, falávamos pouco, mas compartilhávamos as frases de *O pequeno príncipe*, de Saint-Exupéry, e sonhos sobre o que devia ser uma verdadeira história de amor, suspirando um para o outro. Mas, eu sempre soube que ele não era minha história de amor. Ele é marroquino, eu francesa. E, de alguma forma, Hassan me tinha como amante para sentir que fodia a França toda e seu colonialismo.

De modo que hoje, nada de sexo, apenas uma conexão e boas perspectivas...

22 de março de 1997

Hoje, ao sair de casa, vi um sujeito na rua. Depois de duas olhadas decidimos transar. Já no quarto de um apart-hotel da Via Augusta, ele me pega no colo e me leva até a cozinha, onde me coloca em cima do mármore da pia, com extremo cuidado, como se eu fosse uma bonequinha de porcelana. De início, ele não se atreve a me tocar, mas, a seguir, tira minha camiseta de algodão, molhada de suor, e a leva ao rosto. De repente, começa a respirar profundamente e a cheirar a camiseta pouco a pouco, cada centímetro do tecido, cada milímetro de fio. Inspira intensamente. Não posso evitar olhar para ele, divertida ao descobrir seu fetichismo, que eu não havia suspeitado. Há gotinhas de suor em sua testa, que brilham como pérolas e morrem na entrada das sobrancelhas. Eu me aproximo suavemente e começo a passar com delicadeza a língua sobre cada uma delas, sorvendo-as. Posso sentir sua respiração perto da minha face; o ritmo não é constante. A excitação aperta meu ventre e minhas coxas se contraem inevitavelmente. Já não tenho controle sobre meu corpo. De repente, me sinto perturbada, meu corpo pede aos gritos que lhe arranque a pele para poder se fundir com esse desconhecido. Ele se agacha um pouco e começa a explorar debaixo da minha saia, até encontrar o elástico da minha calcinha. Logo penso que sua intenção é tirá-la, obviamente. Mas não. Ele levanta a saia e afasta a calcinha de lado. Toma-me assim, buscando, o tempo todo, meus olhos, analisando todas as reações, todas as expressões de meu rosto.

Já na rua, quando nos separamos, não quero pedir seu número de telefone. Nem ele tem intenção de dá-lo. Não costumo comprometer um encontro como esse com promessas de tornar a ver um homem. Repetir com um desconhecido não me interessa. Prefiro encontrar outro na rua.

23 de março de 1997

Hoje Hassan chega a Barcelona. Marcamos no hotel Majestic.

— Venha às sete. Peça a chave na recepção e suba. Vou chegar um pouco mais tarde. Por favor, seja discreta. Vou com meus guarda-costas. Portanto, bem, você já sabe — ele me diz ao telefone de manhã.

Cinco minutos antes da hora marcada já estou no hotel. Peço a chave e pego o elevador, onde uns executivos estrangeiros obesos me fazem rebolar até encontrar um cantinho onde me enfiar, e quase me esmagam. A simples imagem de tanta carne cheia de colesterol me provoca náuseas. Com certeza não podem ter uma vida sexual plena. Além do mais, esse tipo de pessoa costuma nos deixar encharcadas de suor, porque transpiram feito porcos.

Ao chegar ao meu andar saio do elevador, não sem antes sentir, por parte dos porcos, uma checagem visual completa da cintura para baixo, com insistência descarada na bunda. Se continuarem assim, levo todos para o quarto; se bem que tenho coisa melhor para fazer.

Abro a porta do quarto, corro as cortinas para deixar entrar um pouco de luz natural e, a seguir, vou até o frigobar com o firme propósito de retirar todas as garrafas de Coca-Cola de 250 ml: hoje não estou a fim de uma nova sessão sadomasoquista, nem que seja *light*. Porém, estou disposta a lhe fazer meu melhor *strip-tease*, com uma sofisticada dança do ventre sem véus. Nos momentos que antecedem um encontro fico muito nervosa.

Ligo a televisão e começo a zapear ao ritmo das batidas do meu coração, até adormecer. Acordo com o barulho da porta. É ele.

— Ainda não está nua? — pergunta-me em tom de censura.

O *strip-tease* que eu havia planejado foi para a casa do caralho. Ele faz amor comigo em silêncio, como jamais fizera, no tapete do quarto. Mudamos muitas vezes de posição, para dividir o desconforto do chão e as cócegas causadas pelos pelinhos do tapete. Penso de repente nos milhões de ácaros que estamos esmagando; esse simples pensamento me faz espirrar por vários minutos. Hassan me tira desse zoológico microscópico lambendo todo meu corpo e me surpreende dedicando parte do seu tempo para me ver gozar, esquecendo-se dele por completo. É seu jeito peculiar de nos reencontrarmos, sem ter que falar, depois de tanto tempo. Começo a acreditar que é verdade que certas pessoas, como o bom vinho, melhoram com os anos.

— Você me faz lembrar uma amiga atriz com quem me relacionei — diz ele acariciando meu cabelo, depois de ter molhado toda minha barriga com seu sêmen. — Ela sempre me dizia: "Você não sabe quantos quilômetros de caralhos tive que chupar para poder ficar famosa!".

E começa a rir.

— Uma atriz marroquina?

Ele faz que sim com a cabeça, enquanto dá uma tragada no cigarro que acaba de acender. A seguir, coloca-o entre meus lábios, apesar de eu nunca ter gostado de sentir o filtro molhado de outra pessoa. De qualquer forma, aceito.

— Puxa! Na Europa eu entendo, mas no Marrocos... E o que isso tem a ver comigo? — pergunto, meio séria e meio rindo, apoiada no cotovelo esquerdo.

— Nada. Você apenas me faz lembrar dela. Não sei, o rosto dela me veio à cabeça.

Depois de uma felação improvisada, calculo que se a média do membro masculino é 12 centímetros, para chegar a um miserável 1,2 quilômetro tenho que chupar dez mil homens! Ou dez mil vezes o mesmo homem. Essa segunda opção não me atrai muito. Tem mais mérito chupar dez mil homens. Vou ficar com essa hipótese.

— Que se foda sua amiga, Hassan!

— O que tem ela? — me pergunta, ainda com as pernas abertas e as mãos repousando sobre os testículos.

Dou de ombros e me levanto para ir ao banheiro. Sinto-me grudenta, quero tirar o sêmen de meu corpo com papel higiênico e depois tomar um banho.

Não quero dormir com ele esta noite. Tenho que levantar cedo amanhã porque uma reunião importante me espera. Quando meu amante adormece, saio sem fazer barulho. Sempre vou embora como um bichano.

Dez mil homens. Um dia, farei minha própria lista.

25 de março de 1997

— Você vem comigo para Madri? — pergunta Hassan. — Não posso perder esse compromisso no Palácio da Zarzuela. E gostaria que você me ajudasse pelo menos com a tradução das notícias sobre o acontecimento.

Com certa reticência decido acompanhá-lo. Reservo um quarto no Hotel Miguel Ángel e pegamos o avião no fim da tarde. Em pleno voo, ele começa a tocar minhas pernas, descaradamente, enquanto lê o jornal do dia. Noto que os passageiros ao lado ficam constrangidos, de modo que abro um pouco mais as pernas para que ele passe melhor a mão pela parte interna da minha coxa. As pessoas, escandalizadas, viram a cabeça para o outro lado. Uma ou outra tenta nos olhar de rabo de olho, mas ao encontrar meus olhos, retorna a cabeça furtivamente. Sempre me espanto com essa hipocrisia. Elas sempre erguem os braços aos céus, horrorizadas, mas muitas vezes demonstram uma curiosidade mórbida.

Quando chegamos ao hotel, Hassan me faz entender que quer me comer no chuveiro. Adoro a ideia. Já em pé na banheira, atrás de mim, com a água correndo sobre minhas costas e suas pernas, ele pega o sabonete e começa a esfregá-lo em meu púbis. A seguir, ele me abraça e o sabonete alcança meus mamilos. Brinca com eles, com movimentos circulares, tentando desenhar não sei muito bem o quê. O contato da água e da espuma tem um efeito imediato sobre meu corpo. Hassan acelera a cadência dos movimentos até que passo a mão por trás e dirijo o pênis dele ao seu *habitat* natural. Então ele me penetra forte, e gozamos juntos em cinco minutos.

26 de março de 1997

Enquanto Hassan está na reunião com o herdeiro ao trono, tento localizar Víctor López, que trabalha em um escritório não muito longe do hotel. Víctor e eu nos conhecemos em Santo Domingo, onde fazíamos amor na praia do Bávaro, nos fins de semana, sob os olhares alheios, sem pudor. Durante a semana eu ficava em Santo Domingo e ele em Santiago de los Caballeros.

Quatrocentos quilômetros de distância nos separavam. Quero vê-lo agora, porque estou entediada sozinha aqui no quarto deste hotel madrilenho.

— Quem deseja falar? — pergunta a secretária, de má vontade.

Com certeza, como muitas, está apaixonada pelo chefe e se mostra reticente a passar a ligação de uma mulher a ele. E menos ainda se essa mulher for agradável.

— Sou amiga de Víctor — respondo docemente para tentar contrabalançar seu mau humor.

— Ele não está disponível no momento. Mas deixe seu telefone que ele retornará assim que puder.

Se não passar meu recado, mato você, penso. Uma hora depois Víctor me liga.

— Não acredito! Em que parte do mundo você anda agora? — pergunta, louco de alegria.

— Bom, eu dei o número do celular a sua secretária para despistar você, mas estou bem pertinho, Víctor.

Meu tom misterioso o intriga.

— Ah, é?

Noto, por sua voz, que ele está ansioso para saber onde estou neste momento.

— Ande, diga onde você está!

— Estou em Madri. No Miguel Ángel. Mas estou acompanhada. Posso tomar um café com você, mas tem que ser rápido.

— Caralho, não faça isso comigo! Preciso levar você para jantar. Você sempre aparece e desaparece assim. Quando vou ter a sorte de tê-la por mais de uma hora?

Víctor está visivelmente decepcionado.

— Talvez eu possa jantar com você, mas não depende de mim, e sim da pessoa que acompanho nesta viagem, e que talvez tenha um jantar de negócios hoje à noite. Vamos tomar um café e depois vemos o que acontece, certo?

Depois de desligar, vou correndo ao banheiro retocar um pouco a maquiagem, pego um casaco e espontaneamente acendo um cigarro. Enquanto fumo, sentada no sofá — tenho que fazer hora, odeio chegar primeiro —, fico pensando em Víctor. Que cheiro ele tinha? Como fazia amor? Repasso algumas cenas mentais de nossos encontros. Pronto! Papai e mamãe, principalmente. Bom, de qualquer maneira, duvido que eu possa ir para a cama com ele agora.

Acabo o cigarro e decido descer. Já se passou tempo suficiente. Uma vez que estou no saguão, olho para todos os lados para ver se ele já chegou.

De repente, uma mão me pega pela cintura e me impede de virar para ver quem é. Ele já está me agarrando. Ficamos assim alguns minutos, na frente das recepcionistas, que reprimem risadinhas e abaixam a cabeça, fingindo estar trabalhando. Depois desse eterno abraço, ele me pega pelo queixo e levanta minha cabeça, olhando-me nos olhos antes de me dar dois beijos no rosto.

— Que alegria vê-la! Pensei que você estivesse em algum país distante, assinando contratos. Continua trabalhando na mesma empresa?

— Sim. Mas estão acontecendo muitas mudanças no grupo, de modo que não sei o que o futuro me reserva. De qualquer maneira, daqui a seis meses tenho duas viagens que não posso cancelar. Daqui a uma semana vou para a França passar uns dias com minha avó. E depois ao Peru e ao México. Não quero esquentar muito a cabeça com problemas de organização interna. Vou e, quando voltar, vejo o que acontece!

— E o que a traz a Madri? Trabalho?

—Na verdade não. Tirei uns dias para acompanhar um amigo, diretor de um jornal, que veio cobrir um encontro diplomático.

Vejo que minha resposta não o convence muito.

— Com certeza há algo mais. Ande, diga-me a verdade.

Prossigo com minha explicação.

— Bom, o que não lhe disse é que é um amigo colorido. Mas isso não te surpreende, não é?

— Esta é minha amiga! Sim senhor! É assim que eu gosto! Conte, conte. Você é a única pessoa com quem posso falar dessas coisas sem me preocupar com tabus e preconceitos. Como ele é?

A curiosidade já o domina. Sei que Víctor, no fundo, sempre foi um reprimido, que só se solta quando ficamos juntos.

— Não vou entrar em detalhes. Só vou dizer que ele é legal, mas poderia ser melhor.

— Melhor? Como? Bem, vamos beber alguma coisa no bar e você me conta — diz, com a clara intenção de saber tudo sobre meu relacionamento com Hassan.

No entanto, ele não consegue me arrancar nada. Nunca gostei de alardear minhas relações sexuais, especialmente em se tratando de uma pessoa como Hassan. Nunca se sabe. Já contei detalhes de gente desconhecida, mas, de Hassan, não.

Despedimo-nos após duas horas, durante as quais tive habilidade suficiente para fazer com que a conversa se centrasse nele e em sua vida.

Quando volto ao quarto, Hassan, para minha grande surpresa, está no banheiro.

— Que está fazendo aqui tão cedo? — pergunto.

Ele responde com outra pergunta, visivelmente irritado.

— Onde você estava?

À noite não fazemos amor. Ele diz que está cansado, mas é seu jeito de me castigar por eu ter dado atenção a alguém ou a algo que não tinha nada a ver com ele.

27 de março de 1997

Hassan saiu cedo do hotel. Tinha uma coletiva no Palácio da Zarzuela, e, enquanto se vestia, ficou repassando as perguntas escritas em um pedaço de papel. Enquanto isso, fiquei pensando sobre o que fazer e como organizar meu dia. Nem shopping, nem Museu do Prado nem nada. Hoje tive quatro relações sexuais. Duas de manhã e duas à tarde. O equilíbrio perfeito.

A primeira foi no metrô. Um homem tocou minha bunda com a desculpa de que o vagão estava lotado de gente e não sabia onde pôr as mãos. Descemos na estação seguinte, e, em uma cabine de fotos, trabalhei com gula a sua genitália quente.

A segunda foi à uma da tarde, depois de comprar um sanduíche. Eu o estava mastigando no Retiro, perto do Palácio de Cristal, atrás de uma árvore no meio dos esquilos — mais que esquilos, pareciam pequenos humanos peludos encolhidos —, quando um sujeito se aproximou e me perguntou se eu iria para a cama com ele por dinheiro. Dispensei o dinheiro, mas aceitei dar alegria ao corpo. Dinheiro não me interessa. Minha curiosidade sempre repudiou esse tipo de trato comercial. Além do mais, acho que eu não tenho preço. Não houve muito contato físico entre nós. Apesar de minha concentração na árdua tarefa, fiquei mais preocupada com as pessoas que passeavam pelo parque. Eu não queria acabar na delegacia escoltada por dois policiais.

No meio da tarde me encontrei outra vez com Víctor, que subiu até meu quarto de hotel. Eu sabia que Hassan voltaria bem tarde, de modo que me concedi um pouco de tempo para curtir a companhia de meu amigo. Rememoramos os momentos passados em Santo Domingo, e, sem me pedir licença, ele me abraçou, apertou-me fortemente e nos fundimos em um beijo que dizia muito sobre o que aconteceria. Tirei delicadamente sua camisa e deixei exposto um torso forte, recoberto por um lindo bosque denso que emanava um calor sufocante, reflexo de seu desejo por mim. Imitando meu gesto, ele tirou minha camisa, levou as mãos aos meus peitos, prisioneiros de um sutiã pequeno demais, que os estrangulava e os levanta de modo a parecerem menos caídos; e, pouco a pouco, começou a desenhar com as mãos a forma da taça. Depois, fez-me deitar delicadamente na cama, apoiando minha nuca com uma mão para que eu não caísse para trás em um movimento brusco. Foi beijando minhas pernas, roçando-as com seus lábios levemente úmidos, e, o quarto silencioso, encheu-se dos barulhinhos de sua boca ávida sobre minha pele. Minha excitação chegou ao máximo quando sua boca contornou meu sexo sem nunca chegar ao alvo. Depois de nosso abandono mútuo, resolvemos repetir a cena. E, dessa vez, eu tomei a iniciativa. Eu sabia que ele ia gostar, e, de fato, não se fez de rogado.

Quando Hassan voltou, no fim do dia, encontrou-me deitada na cama vendo televisão. Não pareceu suspeitar de nada. Mas continuava com o mesmo humor da véspera. Comunicou-me que tinha que voltar ao Marrocos na manhã seguinte e que nos despediríamos no aeroporto.

Encontro com Cristián

28 de março de 1997

Bem cedinho estamos em Barajas. Hassan se despede de mim, rápida e friamente, porque não gosta de demonstrar emoções em público. Questão de cultura. Não sei quando tornarei a vê-lo. Também não lhe pergunto. A seguir, pego a ponte aérea que me leva para um dia agitado em Barcelona. À noite, tenho um encontro: o diretor de um banco — a quem um dia entreguei meu cartão com meu telefone pessoal anotado à mão no verso — convidou-me para jantar. Nunca pensei que ele ligaria, no entanto, ligou. De modo que à noite terei que estar mais que preparada.

Depois do dia de trabalho, começo meu ritual e vou tomar banho. Uso um sabonete líquido de sândalo Cabtree & Evelyn, apropriado para esse tipo de encontro. Adoro o cheiro porque dizem que o sândalo desperta o desejo, ou seja, é afrodisíaco. Seu suave aroma de madeira me hipnotiza, e desejo que também inebrie minha pele. Verto o líquido viscoso na palma da mão antes de passá-lo nos pés e pernas. Depois de me enxaguar, passo a loção corporal de mesmo perfume.

Enquanto me visto — escolhi um vestido verde esmeralda, meia-calça transparente e sapatos de salto alto —, fico pensando nos momentos anteriores ao encontro, cheios de emoção e de desejo. São, definitivamente, os melhores momentos. Por isso, hoje não tenho a menor intenção de me entregar facilmente. Quero que dure. Primeiro, vamos jantar. Durante o jantar, vou provocá-lo entregando-lhe minha calcinha e meia-calça, para que ele saiba o que pode acontecer depois. Quero que ele imagine cada poro de minha pele sem o contato do tecido. Que possa sentir o cheiro de meu desejo sem o filtro da roupa. Vou fazer isso: entregar-lhe minha lingerie. Quero que ele imagine o sabor do meu sexo enquanto mastiga um pedaço de *entrecôte* apimentado.

Passo maquiagem, mas não muito. Não quero acabar com o rímel borrado no rosto ao primeiro contato físico. Isso pode dar a qualquer uma um ar de puta barata, o que é detestável. Gloss nos lábios. Blush nas faces. Traço uma linha branca suave na parte interna e inferior dos olhos.

Meu interfone toca na hora marcada; quando desço, encontro um homem muito atraente. É curioso, porque eu não o recordava assim. Está de gravata de seda azul-marinho com pequenos reflexos violeta, muito sutis. O terno é de corte clássico, azul-marinho também, e a camisa branca dá um toque de elegância que o torna irresistível. O reflexo de seus sapatos me diz que os engraxou antes de vir, e esse detalhe me confirma que ele deve se empenhar muito em tudo que faz. Cristián tem o sorriso dos atores americanos dos anos 1950, com duas covinhas na comissura dos lábios.

Da primeira vez que o vi, percebi nele uma grande sensibilidade. Com certeza é um bom amante.

No entanto, não acontece absolutamente nada entre nós esta noite. Apesar de não termos muito o que conversar, não me atrevo a executar o plano que tinha para preencher o silêncio. Nada de meia-calça entregue furtivamente por baixo da mesa, nada de insinuações de minha parte. Ele pergunta se pode me ver outro dia, e abrindo uma exceção em meu próprio regulamento, digo que sim.

Noite de 29 de março de 1997

Fui visitar Franco, um amigo italiano, e a família dele em sua casa de campo. À noite foi fácil conciliar o sono, entre outras coisas, porque o ar puro me deixou esgotada. Tive um sonho curioso, e o que mais recordo, porque ficou gravado na memória, foi minha mudança de aparência. Meu cabelo estava tingido de preto, como uma japonesa, cortado um pouco acima dos ombros, e tinha uma franja que quase caía nos olhos. Era uma peruca. Fiquei aterrorizada de me ver assim, porque parecia que haviam me imposto essa imagem à força. Mas para o tipo de trabalho que me ofereciam era perfeito. Lembro que estava em uma espécie de convento, com muitas garotas. À noite, íamos trabalhar no primeiro andar, que era simplesmente uma casa de gueixas. Acordei suada e acendi uma vela aromática para relaxar. Depois de inalar o doce perfume, deitei de barriga para cima, com as mãos para trás, debaixo dos travesseiros. Comecei a fazer uma espécie de viagem no espaço. Pode parecer estranho, mas vi minha alma sair de meu corpo e voar. De repente, senti que alguém (acho que era um homem) pegava minhas mãos por trás e as puxava para me levar. Eu lhe dava socos, mas minha posição me impedia de me mexer com total liberdade. Como não conseguiu me arrastar, ele se levantou de repente e se jogou sobre meu corpo, com a intenção de se fundir em mim. Ele usava uma túnica escura, e para evitar que entrasse em meu corpo, acendi novamente a luz e fumei um cigarro.

Tenho a sensação de não estar sozinha no quarto. Estou com medo.

Minha amiga Sonia interpretou meu sonho explicando que o homem com a túnica escura representa todas as minhas fobias e energias negativas, que foi um bom sinal eu ter conseguido me livrar dele.

— É o anúncio de uma nova etapa em sua vida — disse ela, orgulhosa de ser clarividente por um dia.

30 de março de 1997

Por fim, vou ver minha avó, minha querida Mami, na França. Depois dos apertos eternos e de muitos beijos no rosto, vou desfazer minha mala no quarto que cuidadosamente ela arrumou para mim. Jantamos só nos duas, tranquilas. Depois saio para dar uma volta pela cidade e seus arredores. Choveu muito na véspera e o ar noturno tem um cheiro limpo. Decido ir ao cemitério. Para mim é um lugar especial, principalmente quando está todo escuro e silencioso. Preciso meditar. Quando chego, o cheiro da terra começa a fazer meu nariz coçar, como se todos aqueles cadáveres a tivessem alimentado com suas carnes e ossos, dando-lhe, assim, mais caráter e personalidade. Um túmulo enorme, lindo, de mármore, de repente me chama poderosamente a atenção, e não posso evitar me aproximar e acariciar a pedra fria. Esse contato é muito singular, mas me dá imediatamente consolo e paz. E imagino que o cúmulo dessa situação seria burlar a morte praticando a vida, ou seja, fazer amor ali mesmo.

Uns galhos que rangem ou alguém que pisa em folhas caídas tiram-me de repente de minha abstração. Pode ser minha imaginação, que apronta comigo fazendo um de seus truques, então decido não me abalar; até discernir uma luz. Fico assustada, mas também curiosa, e vou me aproximando da luz, cada vez maior, como uma lua gigante caída do céu. Parece uma lanterna. Saber que não estou sozinha me faz tremer um pouco, e noto que minhas mãos vão ficando úmidas, não sei se de medo ou de excitação. De súbito, umas vozes chegam até mim. A silhueta de dois homens torna-se cada vez mais nítida, e constato que estão escavando no meio do cemitério. Um deles notou minha presença:

— Tem alguém aí?

Eu me aproximo um pouco mais e fico bem em frente à lanterna.

— Desculpem. Ouvi um barulho e vim até aqui para ver o que estava acontecendo.

— Não é hora de visitar um cemitério, moça — diz um deles, apontando a lanterna dos meus pés à cabeça. — Você não é supersticiosa?

— Por que pergunta? Eu não acredito em zumbis.

Os dois homens começam a rir.

— Amanhã há um enterro, por isso estamos cavando uma vala a esta hora — explica o outro.

Ao reparar em suas calças, vejo um volume nelas. Ele nota meu olhar e comenta:

— A natureza humana não se acalma nunca, nem mesmo nestes lugares.

Ele me observa minuciosamente, e como meus olhos já se acostumaram à escuridão, posso entrever que sua expressão muda, apesar de eu não distinguir muito bem seu rosto.

Estou com uma saia longa, preta, uma blusinha justa de manga curta e gola alta, da mesma cor, e sandálias. Apesar de estar totalmente coberta, o tecido de minha roupa é muito fino, e um pouco de ar invade meu corpo. Meus mamilos se contraem de repente e sinto minha respiração se acelerar cada vez mais. Pelo silêncio que pesa nesse lugar, tenho a sensação de que os dois homens podem ouvi-la, e podem apreciar meus seios apertados sob a blusinha.

Um deles se aproxima de repente, começa a tocar suavemente meu cabelo, a acariciar meu rosto, e introduz dois dedos em minha boca.

— Chupe! — sussurra.

Obedeço. O outro está atrás de mim, passando suas mãos sujas de barro em minha bunda; a terra está molhada por causa da forte chuva da véspera. Ele me levanta a saia e tira minha calcinha, levando-a ao rosto para cheirá-la.

— Você tem cheiro de vida, meu bem — diz, excitado.

Ele se agacha para pegar um pouco mais da terra que foram tirando à medida que escavavam. Começa a massagear minha bunda com ela, bem enérgico. Eu continuo chupando os dedos de seu amigo, passando a língua entre cada um. Suas mãos têm um cheiro curioso, são mãos de trabalhador; a rugosidade de sua pele o entrega.

O outro abaixa a calça, pega o pênis com a mão direita e começa a se masturbar, olhando minha bunda com a lanterna.

— Você tem uma bunda divina, menina!

Eu, apesar de não ver seu rosto, posso sentir o frenesi com que se mexe, e isso me excita um pouco mais. A partir desse momento, eles amarram minhas mãos com uma corda, um deles me deita no chão, ao lado do buraco que fizeram para o enterro, e minha cabeça fica solta no vazio, de modo que posso ver o fundo da cova. Sinto que um goza quando um enorme calor inunda meu ventre. O outro põe a lanterna em meu rosto, como se fosse um interrogatório.

— Tenho certeza de que você gosta!

O da lanterna de repente pega minha cabeça com violência e põe seu órgão em minha boca. O contato com minha saliva o faz gozar logo, molhando meu palato e a gengiva. Desmaio.

Não sei quanto tempo se passa. Minutos, talvez horas. Levanto-me; todo meu corpo dói. Parece um sonho. Estou totalmente sozinha e suja. Afora isso, não restam marcas de nada e a corda desapareceu. Decido voltar para casa.

31 de março de 1997

Passo o dia todo refletindo sobre o que aconteceu na noite de ontem, enquanto Mami está fazendo tricô e olhando para mim de vez em quando, intrigada pelo ar sério que adoto para escrever em meu diário. Estou sentada em um sofazinho coberto com uma manta que ela pôs em cima para não estragar, já que Bigudí, seu gato, adora se deitar ali e ficar se lambendo. Bigudí está diante de mim, olhando-me com receio por eu ter roubado seu lugar preferido. Pego-o no colo, dou-lhe uns beijinhos na cabeça e acaricio seu pelo, para que ele entoe minha melodia favorita, cheia de prazer e satisfação. Fecho o diário para que ele possa se acomodar melhor em cima de minhas pernas, mas o gato, que é muito teimoso, fica sentado, olhando para mim.

— Vai chover outra vez hoje — digo a Mami, enquanto observo o gato se limpar atrás das orelhas.

— É bom para o jardim — responde ela com um sorrisinho que fica pendurado em seus lábios.

Mami sempre sorri. Ela é uma avó simpática, de 1,80 m, que colaborou com a Resistência durante a Segunda Guerra Mundial, atravessando florestas para passar mensagens escondidas em um carrinho de bebê. Eu a admiro por isso.

Observo-a atentamente enquanto ela cruza a lã para lá e para cá. Não conheço Mami com outro rosto senão o de agora. É como se eu sofresse de amnésia a vida toda ou como se houvesse perdido a memória.

— Você teve amantes antes de conhecer o vovô?

Minha pergunta não parece surpreendê-la. Ela responde tranquilamente, sem perder a concentração no tricô.

— Seu avô foi o único homem de minha vida. Eu me casei com ele porque não podia fazer outra coisa. Mas aprendi a amá-lo. Como disseram certa vez em um filme, uma mulher sem estudos tem duas opções na vida: ou o casamento ou a prostituição, o que, no fim, é a mesma coisa, não? Nunca fiz sexo com outro homem, se é a isso que você se refere; mesmo antes de conhecer seu avô.

— E se você pudesse começar tudo de novo, o que faria?

— Todo o sexo do mundo, filhinha — respondeu ela rindo.

Agora já sei de onde tirei esse caráter tão liberal. Levantei-me e lhe dei dois beijos, como agradecimento por sua sinceridade e pela cumplicidade que acabava de me oferecer.

— Ah, e você está autorizada a me escrever e contar com detalhes suas aventuras sexuais, filhinha.

— Prometo.

1º de abril de 1997

Esperanza, Esperanza, sólo sabe bailar chachachá.
Esperanza, Esperanza, sólo sabe bailar chachachá.

O rádio do táxi que peguei no aeroporto de Barcelona está a todo volume. Tive até que gritar várias vezes com o taxista para que ele entendesse o endereço. Nem lhe passou pela cabeça abaixar o volume. O carro está cheio de objetos religiosos com a foto de não sei qual santo pendurada no retrovisor interno. Na parte de trás, até o cachorrinho articulado dos anos 1960, que mexe a cabeça e cumprimenta sem se cansar os carros que estão nos seguindo, tem uma cruz pendurada no pescoço.

— Você é da França? Já logo percebi, moça. Está de férias por aqui?

Não é culpa dele, pobre homem, mas não estou com vontade nenhuma de lhe dar trela, de modo que respondo só com um gesto afirmativo de cabeça. Ele parece não entender, e continua falando.

— Eu falo um *petit peu* francês. E também *speankin inglis*.

— *Speaking english* — corrijo.

— Como? Isso, *speankin inglis* — repete orgulhoso. — Quando era mais novo, fui à Inglaterra trabalhar como cozinheiro, sabe? E aprendi um pouco do idioma lá. Mas já se passaram muitos anos e não me lembro de muita coisa. Mas continuo cozinhando para minha mulher. Ela não pode reclamar. Todos os domingos eu faço uma fideuá*, sabia? Não é fácil fazer uma boa fideuá.

Depois de me contar tudo sobre os gostos culinários de sua mulher, a profissão de seus filhos, como eram bons garotos e como suas noras foram bem-aceitas na cidade, eu me despeço do taxista deixando uma boa gorjeta.

É tarde, mas talvez ainda encontre aquele diretor de banco. Estou com vontade de vê-lo e começar o que não quis fazer durante o jantar da outra noite. Quando ligo para ele, cai na caixa postal, e nem curta nem preguiçosa, deixo uma mensagem:

— Ligue-me no 64444-4442, a qualquer hora.

A qualquer hora? Ele vai pensar que aconteceu alguma coisa ou que sou maluca. Tanto faz. Assim verei se ele se interessa de verdade por mim. À uma da manhã, nada. Às duas, ainda nada. Às três, não aguento mais e vou dormir. Às quatro e meia ainda estou me revirando na cama, sem pregar o olho. Às quinze para as cinco, vou fazer xixi. Às cinco, meu Deus, não há jeito de dormir! Às cinco e quinze, levanto-me e vou comer um pudim de chocolate. Nada de nada. Não consigo dormir, de modo que me levanto com uma cara péssima e uma vontade de trepar que nem minha mão vai poder aplacar hoje.

2 de abril de 1997

Meu dia foi bem ruim por causa do cansaço de não ter dormido nada ontem à noite. De manhã fiquei de mau humor, e, além do mais, tive que preparar minha viagem ao Peru, com todas as diligências necessárias que isso

* Prato típico da região espanhola de Valência, preparado com massa e frutos do mar.

implica. Meus colegas não me perguntaram nada, não se atreveram, mas estava tão pálida que Marta, a secretária, me perguntou se eu precisava de um pouco de glicose, tipo Coca-Cola, para repor as energias.

— Odeio! — digo sem desviar a cabeça do computador.

Estou redigindo um e-mail solicitando uma reunião em uma empresa peruana. "À espera de nossa Coca-Cola, saudações, atenciosamente". Ao reler, percebo que preciso corrigir.

— Marta, por favor, não me incomode mais, porque depois faço bobagens — censuro a pobre Marta, que sai suspirando e, sem fazer barulho, fecha a porta da minha sala.

Não consigo passar o e-mail de jeito nenhum. Verifico o endereço para ver se não errei e mando de novo. Por fim, consigo. Espero receber uma resposta em breve. Já tenho alguns compromissos arranjados, mas não quero sair da Espanha sem ter tudo planejado e confirmado antes.

À tarde, Andrés, meu chefe, me chama em sua sala para revisar meu planejamento.

— Então, minha garota, como se sente em relação a sua próxima viagem?

Por que ele insiste em me chamar de minha garota? Andrés tem uns sessenta anos, e eu quase trinta a menos, apenas trabalhamos juntos. Sua atitude em relação a mim muitas vezes me faz sentir uma criança. Ele usa cabelo bem comprido, grisalho, e eu poderia apostar que quando mais jovem deve ter sido bem mulherengo. Agora, com certeza o caracol já voltou para a carapaça. Por isso, só lhe resta adotar essa figura paternalista.

— O que você tem hoje? — pergunta ele tirando os óculos e fechando seus olhos pequenos.

— Nada, Andrés. Tive uma noite ruim, só isso. Por que hoje todo mundo resolveu me infernizar?

— Tudo bem, deixe para lá. Lembre-se, garota, de que preciso que você fale com todo mundo lá.

— Sim, sim, não se preocupe. Vou vender minha alma ao diabo, se for preciso. Você sabe como eu sou.

Tento me acalmar, nem eu acredito que falei essa frase.

— Se as coisas ficarem muito difíceis, mando alguém para lhe dar uma mão.

Saio da sala feito um foguete, porque a tarde está chegando e tenho muitas coisas para fazer. Ao sair, quase caio em cima da mesa de Marta ao tropeçar em um monte de pastas jogadas no chão. Nesse exato momento, toca meu celular.

Sem fôlego e visivelmente de mau humor — Marta nota, e afunda em seus papéis para não cruzar com meu olhar —, chego a minha sala. Tarde demais. Aviso de chamada perdida na tela do celular. Nervosíssima, ligo para a caixa postal, sem conseguir de primeira. O nervosismo me atrapalha muitas vezes. *Acalme-se,* digo a mim mesma. *Acalme-se, que assim você não vai conseguir nada.*

"É Cristián. Você me deixou uma mensagem ontem à noite. Estou só retornando."

Fecho imediatamente as portas de correr de minha sala e digito seu número.

— Olá, Cristián. Sou eu.

— Que rapidez! — diz ele, surpreso.

Se você soubesse a vontade que tenho de ir para a cama com você, penso.

— Ontem voltei da França e queria saber de você. Tudo bem?

— Bem, muito trabalho, mas, felizmente, sou um privilegiado. Acabo sempre no meio da tarde.

— Que sorte! E o que faz no restante do dia? Você deve ter muito tempo livre, não?

Quero saber mais sobre ele e se consegue arranjar um tempinho para mim em sua agenda.

— Faço esportes, compras. Às vezes vou tomar alguma coisa com uma bela amiga, por exemplo. O que vai fazer amanhã no fim da tarde?

Muito bem, penso. *Ele está a fim de me ver.*

— Se quiser, podemos nos encontrar. Não sei a que hora estarei liberada, mas eu ligo para você assim que sair, pode ser? — pergunto.

— Tudo bem. Até amanhã.

Quando saio, um dilúvio começa a cair sobre a cidade. Não peguei guarda-chuva quando saí de casa, porque o tempo estava bom, e justo na hora de deixar o escritório tenho que me transformar em um Noé sem barco. Sempre acontece isso. Todo mundo na rua sai correndo feito louco, pulando as poças d'água e o barro, que foram se acumulando na calçada. Decido andar. Não adianta nada correr sem guarda-chuva, e, considerando o volume das gotas, vou me encharcar do mesmo jeito. Além do mais, gosto da sensação do cabelo molhado quando está calor, e desse cheiro de asfalto úmido. Essa chuva me faz lembrar meus fins de semana no campo, com meus avós, quando eu era pequena. E, também, daquelas férias de verão que passei com minha amiga Emma.

Estou completamente molhada ao abrir a porta de casa. Um banho quente de banheira, com muitos sais, é imperioso.

No corredor tiro toda a roupa — até o sutiã está pingando — e vou nua para a sala pôr o CD *The Visit,* de Loreena McKennitt. Sirvo-me uma taça de vinho tinto e acendo várias velas perfumadas no banheiro todo.

Enquanto soa um poema de Shakespeare cantado e com acompanhamento de harpa, vou mergulhando em um banho de uma hora, que deixará minhas extremidades completamente enrugadas. Que maravilha! Gostaria de morrer assim.

Confesso que imaginei várias vezes como seria. Acho que parece com um longo sonho, uma viagem interna de nossa alma. Sem dúvida, a dor é o que deve assustar as pessoas. Mas a morte não pode ser dor, se a dor é física, e a morte o estado definitivo no qual perdemos nosso envoltório. Eu tenho minha própria teoria sobre o que deve acontecer quando morremos. Somos pura energia, e, ao morrer, todos os nossos átomos vão se misturando com o resto do Universo. Nossa energia própria acaba se misturando com a energia do Cosmos. Nem Paraíso, nem Inferno. Somos uma unidade do Cosmos ou simplesmente o Cosmos inteiro.

Assim me sinto quando faço amor. Sinto uma troca de energia com o outro que me faz viajar e me fundir com o Cosmos. A energia de meu orgasmo é uma pequena parte de mim mesma que vai embora e acaba se mesclando com o Universo, e, quando acabo, rendida, volto a meu estado humano. É uma viagem sideral de minhas células que ficam dispersas para sempre, prisioneiras de uma confusão energética que eu não sei administrar e que me chama permanentemente. Por isso sempre quero repetir a experiência. Para compreendê-la melhor. No entanto, eu nunca consigo compreender nada. É uma pequena morte que tento domesticar a cada vez. Além do mais, é a expressão que nós, franceses, utilizamos para denominar poeticamente o orgasmo. Cada ato amoroso é uma maneira de me aproximar desse estado de êxtase. Mas, nunca consigo capturá-lo e estou condenada a repeti-lo sem parar para discerni-lo melhor. Em outras palavras, é uma montanha, com um grande abismo, do qual nunca caio, sempre com um pé na terra e outro no vazio. E meu corpo balança entre a humanidade e o divino, como um autômato.

São onze da noite. Quando saio do banheiro, vejo um SMS de Cristián:

"Chuva, champanhe, sua pele... por que estou tão excitado?"

Cristián sabe, sem dúvida, provocar por meio de mensagens sugestivas.

"Quando nos encontrarmos, terei plena intenção de saber tudo o que vem depois dessas reticências", escrevo-lhe em resposta.

"Boa noite...", ele responde, usando de novo reticências para eu fantasiar em minha mente.

Ele é um homem esperto, não resta dúvida.

Vou para a cama e tenho problemas para conciliar o sono. Suas mensagens transtornaram todos os meus hormônios, e não sei se terei paciência para esperar até amanhã.

3 de abril de 1997

Marco com Cristián em um bar no fim da tarde já sabendo que nada vai acontecer porque estou menstruada. Merda. Desceu hoje de manhã, sem aviso. Está adiantada, como se quisesse me fazer entender que meu corpo precisa de um pouco de descanso. Eu devia ter cancelado o encontro de manhã mesmo, mas não consegui. Estou com muita vontade de vê-lo.

Depois de uma conversa interessante regada a vinho tinto francês e umas entradinhas, ele me convida a ir dançar na balada da moda. Quando vejo alguém dançando, basta um olhar para eu saber se é sensual ou não.

No caso de Cristián, não há sombra de dúvida. Ele dança muito bem. E... chuva, champanhe, sua pele... E desapareço.

Desapareço em um lugar paralelo, sem sonhos, onde meu corpo se funde eternamente em um casaco de veludo, onde o prazer supera o limite do suportável e se transforma em gotinhas adiamantadas nos cantos dos olhos, onde o toque de suas mãos é igual às asas de uma borboleta, onde os ponteiros do relógio dão a volta 24 horas e eu fico suspensa neles.

Tudo começa com uma dança frenética, entre risos e flertes com uns amigos que encontramos na balada; a Cuba Libre está mais forte que a música que sai das caixas de som. Danço sobre um fio fininho de seda como um pequeno equilibrista, presa entre sua genitália que me roça, inchada dentro da cueca e da calça de corte italiano, e o olhar de um desconhecido que contempla meus movimentos bem provocantes. E vou caindo. Perco o controle. Quero me sentir viva.

— Quero que você me dome! — sussurro com os olhos.

Eu, irônica, procuro uma pessoa especial, um homem capaz de expressar sentimentos no sexo. Em sua casa, diante de uma infusão de frutas tropicais, perco os sentidos e acabo abrindo as pernas diante de um pau grosso demais para minhas entranhas, mas delicioso. Três longas horas levo para percorrer com a boca de ponta a ponta esse vibrador de carne. Transformada em um fantasma de história em quadrinhos, com o lençol cobrindo todo meu corpo, permito que ele me diga que o deixo louco de prazer, e o chupo até sentir que banha cada obturação que vou colecionando na boca desde menina. Estou com dois absorventes íntimos. Um que retiro rapidamente, envergonhada, sentada em cima do bidê, e outro que ele me coloca com sua mão habilidosa. Deixo-me manipular como uma boneca desarticulada diante da decisão de um poder superior, muito excitada.

Não me incomoda a rugosidade de sua barba quando desce, em um ato de generosidade, até o centro de gravidade do prazer feminino, esquecendo que a intimidade tem que ser conquistada, não simplesmente roubada. Mas ele tem um dom extrassensorial que o torna perigoso, e meus olhos só podem aprovar tudo o que está acontecendo.

Ele também não se incomoda com minha depilação imperfeita, prova de que nada foi planejado, de que tudo flui porque assim tem que ser. O cheiro que toma o quarto é sem igual.

— É essência de rosas — diz ele, lendo meu pensamento.

E tudo vai se misturando. O rum da noite anterior, a infusão da madrugada, a essência de rosas ao amanhecer, o Armani Black Code a cada visita ao banheiro, a amostra grátis de uma espuma de banho de um hotel Meliã da Itália, que impregna minha pele quando tomo uma chuveirada furtiva, para não perder nem um minuto de sua presença. Esses cheiros e sabores correm por minhas veias, e, enquanto isso, os leucócitos de meu sangue vão se reproduzindo com malícia a uma velocidade infernal.

Ele está machucando meus lábios porque não sabe me beijar de outro jeito, o que me valeu uma pequena ferida na parte interna da boca. Porque ele chupa meus lábios como um cachorro fazendo festa a seu dono depois de reencontrá-lo e constatar que nunca o abandonou. Morde meu pescoço como um gato no cio que só sabe reconhecer a reprodução animal com esse ato tão ritualístico dos felinos. E estou toda arrepiada. Pelos levantados horas e horas, com seu crescimento alterado.

De manhã, estou jazendo, abandonada aos prazeres carnais, sobre seu tapete de pelos tão pretos que contrastam com a palidez de meu corpo.

Deixou-me cedo na porta de casa, subi feito um zumbi e me transformei de repente, sem querer, em uma Marguerite Duras improvisada, obcecada para sempre por um amante que a deixou louca aos quinze anos, condenada a escrever essa paixão que a prendeu para sempre nesse momento adolescente.

Vou viajar

4 de abril de 1997

Querida Mami,

Escrevo esta carta para lhe dizer que ontem à noite vi estrelas. De perto. Sim, de perto. Quase as toquei com a mão, mas eram fugazes e saíram voando. Enfim, Mami, o que quero dizer é que ontem tive uma das melhores transas da minha vida. Imaginei que você gostaria de saber. Fui para a cama com um homem que só havia visto duas vezes e que conheci por acaso em um banco. Mas foi mágico. Da primeira vez não aconteceu nada. Acho que foi porque nenhum dos dois queria. E ontem fui para cama com ele. Fomos beber alguma coisa, primeiro, e, depois, dançar. E, então, ele me levou para a casa dele. Um apartamento lindo, na cobertura, com um terraço enorme o contornando, do jeito que eu gosto. Só faltava um gato bem gordo andando de lá para cá, como o Bigudí. Eu o alertei que não estava preparada naquela noite, pois havia acabado de menstruar. Foi tudo, menos higiênico... Que vergonha! Mas ele disse que às vezes a excitação é mais forte que as circunstâncias, que temos que nos deixar levar. Então, concordei. Vocês também eram safados assim na sua época? Ele quebrou meus paradigmas. E não paro de pensar nele desde então. Do jeito que sou frívola, será que estou me apaixonando por um sujeito porque ele transa maravilhosamente bem? A verdade é que não gosto da ideia, Mami. O que

devo fazer? Se me ligar de novo, acha que devo sair com ele? Diga alguma coisa, por favor. Preciso de seus conselhos.
Um beijo enorme. Cuide-se bem.

Sua filhinha.

P.S.: Semana que vem vou ao Peru. Mando um e-mail com minhas coordenadas de lá, caso queira entrar em contato. E um postal de Machu Picchu, que sei que você vai gostar.

6 de abril de 1997

São quatro horas da tarde e Cristián não me ligou nem me mandou mensagens. Caralho! Não paro de pensar nele o dia todo. Estou apaixonada? Por que ele me ignora desse jeito? Será que não gostou de passar a noite comigo? Então, por que me disse que foi sublime? Foi só da boca pra fora?

Meu cérebro está a mil por hora e não paro de divagar, pensando no que ele estará fazendo em um dia tão ensolarado. Será que está na praia com os mesmos amigos que encontramos na balada, rindo do meu jeito de abrir os dedos dos pés quando gozo? Só de pensar nessa possibilidade minha autoestima desaba. Ele podia ter me ligado para repetir que gostou muito de passar a noite comigo. As mulheres adoram ouvir essas coisas o tempo todo. E eu sou uma delas. Cristián não é sensível nesse sentido, e está me decepcionando. Também não estou lhe pedindo que seja pai dos meus filhos, mas pelo menos que tenha a delicadeza de se manifestar. Bom, se ele não liga é porque não valeu a pena.

Por via das dúvidas, pego, em um móvel da sala, um livro muito útil em casos de emergências assim. O título é *Como se livrar do vício em uma pessoa*, de Howard M. Halpern. No sumário, leio:

"Algumas pessoas morrem por causa de relações prejudiciais. Você quer ser uma delas?".

O que estou fazendo? Só o vi duas vezes. Talvez a única coisa que ele pretendia era fazer amor com alguém, sem complicações, e eu apareci. Por que estou ficando desse jeito por causa desse homem?

É duro assumir, mas quero ir para a cama de novo com ele. Vou ler este livro e repetir os aforismos das últimas páginas. Não estou apaixonada, de jeito nenhum, nem um pouquinho.

A uma da manhã estou esparramada no sofá com o livro na cara; adormeci em uma posição ruim e todo meu corpo dói. Deslizo os pés dentro dos chinelos e vou para o banheiro, ainda aturdida, para escovar os dentes. Estou marcada pelas páginas do livro na face direita. De muito mau humor, vou para a cama com a intenção de, amanhã, definitivamente, apagar o telefone de Cristián da agenda. Ele foi simplesmente isso: uma estrela fugaz.

10 *de abril de* 1997

— Você tem que sair já! Mas já mesmo! — grita Andrés com os óculos na mão.

Cada vez que adota seu miserável ar sério, meu chefe fecha os olhos, como para não encarar a pessoa que está a sua frente. Ele grita, mas não quer ser responsável pela estupefação que provoca no rosto das pessoas.

Hoje, ele está sentado à mesa da sala dele, rabiscando um monte de desenhos nos cantos dos papéis à sua frente: espirais, cubos e margaridas. No fim, as folhas se transformam em um rabisco preto sem sentido, porque ele passa diversas vezes a caneta sobre as linhas traçadas. *Interessante para uma avaliação psiquiátrica*, penso.

— Mas nem me responderam sobre a reunião que solicitei — rebato.

— Não faz mal. Não me interessa se você não fez a mala ou se não tem o planejamento completo. E menos ainda se está menstruada. Já adiamos essa viagem várias vezes. Quando aceitou este cargo, você sabia que teria que estar preparada para improvisar. Por que diabos contratei uma mulher? Por quê? — pergunta a Marta, que acaba de aparecer na sala para que ele assine uns documentos.

Marta está tremendo e não se atreve nem a se aproximar da mesa. Andrés está muito irritado, não há dúvida, porque seu rosto está ficando vermelho púrpura; ele parece um dragão prestes a cuspir fogo e carbonizar nós duas. Eu, evidentemente, quero desaparecer o quanto antes, e vou dando passinhos para trás até a porta. Mas Andrés tem o propósito de me dar a maior bronca do mundo.

— Ainda não acabei com você. Quando chegar, fique atrás da Prinsa S.A. Eles são lerdos, e, se você não ligar todos os dias, vão esquecê-la. Não importa se parecer chata, entende, garota?

— Sim, Andrés — resmungo, acompanhando sua mão trêmula que agita a caneta sobre a folha de papel.

Ele escreve com tanta força que a folha começa a rasgar.

— E agora, corra! Faça a mala e vá para o aeroporto. Seu voo sai às cinco da tarde. Marta está com as passagens. Mande-me um e-mail quando chegar. Boa sorte, garota!

Ao sair do escritório, pego um táxi voando, que me deixa na porta de casa. Há gente amontoada na porta do edifício, e para poder passar tenho que pedir licença várias vezes a uma dúzia de pessoas que esperam diante da escada.

— O que está acontecendo aqui? — pergunto a uma loura tingida, de piercing no nariz e batom fúcsia que parece fazer parte do grupo.

— Estamos esperando Felipe, do A, mas ele ainda não chegou, então temos que esperá-lo aqui na rua.

Felipe é um dos meus vizinhos. Não sei dizer com exatidão o que ele faz da vida, mas sua empresa fica no A. Eu o vi em várias ocasiões, mas só nos cumprimentamos.

Depois de subir os degraus de quatro em quatro, abro rapidamente a porta e começo a fazer a mala. Como odeio isso! Apesar de saber há um mês que vou viajar, ainda não sei o que vou levar. Reviro toda minha roupa e vou contando na cômoda os pares de calcinha e sutiã que preciso levar. Ao mesmo tempo ligo para Táxi Mercedes para que me peguem em frente de casa, que se transforma imediatamente em uma loja de roupa de grife mal organizada. Odeio me preparar para uma viagem de última hora. E, para piorar, para poder fechar a mala tenho que me sentar várias vezes em cima dela. E a combinação? Qual é a combinação da fechadura? Não me lembro! À beira do desmaio, e com o taxista tocando o interfone, tiro toda a roupa da mala. Não tenho outro remédio senão pegar outra, porque não me lembro da maldita combinação. Eu me odeio por isso! Sou um desastre para essas coisas, e sempre tem que acontecer quando estou com bastante pressa.

Muito nervosa, paro diante do espelho do banheiro e com cara de pequeno Buda pouco inspirado vou fazendo exercícios de respiração abdominal, que, supostamente, deveriam me fazer relaxar. Costuma funcionar sempre. Enquanto procuro uns preservativos para pôr na mala, encontro um e-mail de minha amiga Sonia que imprimi e não tive tempo de ler. Vou ler no avião. Desço de elevador; subir as escadas é bom para trabalhar os glúteos, mas descê-las não tem nenhum sentido. Encontro de novo o grupo na frente da porta, que continua reunido. Enquanto o taxista coloca minhas coisas no porta-malas, não posso evitar perguntar à mesma loura:

— Vocês têm uma entrevista? Ele marcou com todos ao mesmo tempo? Quero saber mais sobre Felipe.

— Não, não, vamos fazer de novo. Mas só ele tem as chaves — replica ela, como se fosse óbvia a razão de sua espera.

De repente os assuntos de Felipe me interessam muito, e continuo perguntando enquanto entro no táxi:

— O que vocês fazem?

O rosto da loura se ilumina de satisfação. Um rapaz do grupo, altíssimo, aproxima-se para participar da conversa enquanto eu entro no táxi, fecho a porta e abro o vidro.

— Somos atores profissionais — explica a loura, erguendo orgulhosa seu pequeno queixo.

E acrescenta, para satisfazer a curiosidade que já não posso esconder ou talvez para atiçá-la ainda mais:

— Felipe vende porções de vida.

O taxista me olha com impaciência pelo retrovisor, fazendo-me entender que está mal estacionado, e saímos disparados. No momento de embarcar, já quase desligando definitivamente meu celular, recebo uma mensagem. É Cristián. "Quer jantar comigo esta noite?". Por Deus! Deixo o território espanhol com duas incógnitas: o que são essas porções de vida do Felipe e o que faço agora com Cristián. Do jeito que sou curiosa e impaciente, não sei se vou aguentar esperar as respostas a tantas perguntas até voltar.

Já estamos voando há algumas horas. Com a mão em uma sacola de plástico reviso todas as compras que fiz no Duty Free, enquanto tenho que aguentar o ronco de um paquiderme meio calvo e suado sentado ao meu lado. Com cara de nojo, eu me volto para ele para observá-lo, e constato com horror que sua cabeça está caindo para o lado, pra cima do meu ombro. Ele que nem pense em se apoiar em mim! Tento me distrair, pois a cada novo voo fico com mais medo de andar de avião. Lembro-me do e-mail de Sonia e começo a lê-lo.

> *Querida Val,*
> *É vulgar, horroroso, mas pelo menos vai deixá-la de bom humor hoje...*
> *Sonia.*

Ela nunca vai mudar. Sonia é minha amiga há uns três anos, e já provou que sempre tem a mensagem certa na hora certa. Ela é chefe de produção de uns laboratórios farmacêuticos e passa a vida obcecada em conseguir uma promoção. Quando a vi pela primeira vez, ela me fez recordar imediatamente a heroína de um desenho animado japonês, Candy, que passava na tevê francesa quando eu era pequena. Candy usava sempre minissaia e botas até os joelhos. Sonia é igualzinha. Tem pele cor de porcelana, olhos enormes cercados por cílios pretos infinitos e um nariz bem arrebitado, com milhares de sardas. Tem o rosto completamente liso, sem ruga nenhuma. Sempre usa saia de menina boazinha e sapatilhas, e seu corpo sem forma fica parecendo uma vareta. Mas, por dentro, Sonia já demonstrou ser fogo puro. E faz uma eternidade que procura desesperadamente o amor de sua vida. Como não o encontra, sofre muitas depressões, que costumam durar longas temporadas. E, quando se cansa de se ver nesse estado, passa a fazer os outros rirem. Depois, tem uma recaída.

Começo a contar as páginas do e-mail; são quase cinco. Não acredito que ela tem tempo de redigir esse tipo de mensagem no escritório. É um texto com piadas sobre homens, uma espécie de decálogo dos principais erros masculinos na cama. Como tem muita coisa inútil, utilizo a técnica de leitura dinâmica que aprendi na universidade para captar o mais divertido.

Depois de um tempo prefiro parar de ler. Sonia não sabe mais o que inventar para ser engraçada. Mas, pelo menos, me ajudou a esquecer o gordo ao meu lado, que acordou de repente e está olhando o que estou lendo por cima do meu ombro. Nossos olhares se cruzam e surge em seus lábios roxos um sorrisinho cúmplice, ao qual não respondo porque não estou a fim. Fico acompanhando bem atenta as indicações que aparecem na tela à frente da minha poltrona, que mostra o mapa-múndi e onde nosso avião está. Já estamos no continente americano, e com essa imagem consigo deixar para trás a angústia dos últimos dias por causa do nervosismo de Andrés e minha obsessão por Cristián. Outra aventura está me esperando. O aeroporto de Lima parece um mercado de frutas e verduras. É um caos que me deixa aturdida assim que ponho os pés em território peruano, até que consigo passar pela fiscalização de passaportes, trocar meus euros pela moeda local e arrastar minha mala até a saída. Quando as portas do aeroporto se abrem, sou invadida por um calor úmido, desagradável, que prenuncia noites de suor e males gástricos. É difícil respirar, e um cheiro horrível de fruta podre contamina o ambiente. Procuro desesperadamente um táxi com ar-condicionado; escolho o carro de um homem pequenininho, que veste uma camisa de linho cru e calça verde-oliva. Está secando as gotas de suor da testa com um lenço e não para de olhá-lo depois, como se houvesse descoberto um tesouro. Ao me ver, ele faz um sinal com a mão para indicar que está livre. Não hesito nem um minuto e me aproximo:

— Vou para o hotel El Pardo, em Miraflores. Seu carro tem ar-condicionado?

— Claro, moça. Entre, eu a levo rápido — responde, enquanto literalmente me puxa a mala das mãos.

O ar-condicionado consiste em umas pequenas hélices colocadas acima do banco do motorista em direção aos passageiros, que não param de girar com dificuldade, produzindo o zumbido de uma vespa em pleno voo. Abstenho-me de qualquer comentário. Melhor isso que nada.

A cidade de Lima é uma gigantesca favela onde muitas casas, prestes a desabar, têm sacos plásticos no lugar do teto. Nunca imaginei isso. Procuro com avidez uma casa bonita, algum edifício residencial, crianças de uniforme azul-marinho e meias compridas saindo da escola, mas não as vejo. Em vez disso aparecem pequenos rostos sujos com ranho seco. O taxista aponta com o dedo o mar e as praias da cidade. Em um semáforo, ele se volta para mim e comenta:

— Não entre nesta água, moça. Todas as praias de Lima estão contaminadas. Vai ter que sair da cidade para poder entrar no mar sem risco.

Vejo, aterrorizada, umas lixeiras imensas que cobrem as praias, e constato com horror que há gente ali, com as calças erguidas até os joelhos, revirando o lixo que outros depositaram. Sinto náuseas, e tenho que virar a cabeça bruscamente para não vomitar no táxi. Instintivamente, procuro no bolso minha carteirinha internacional de vacinação e fico checando todos os nomes escritos à mão e a data das vacinas. A viagem de táxi parece eterna, e não me atrevo a olhar pela janela de novo com medo de ver o horror debaixo de meu nariz. Por fim, chegamos a um hotel cuja fachada anuncia quartos de luxo, e, depois de me despedir do taxista, aparece um carregador apressado, de roupa vermelha e preta e sapatos reluzentes.

— Bem-vinda ao hotel El Pardo, senhorita — ele diz muito gentilmente.

A recepção do hotel já está avisada de minha chegada. Entregam-me a chave de uma suíte que dá diretamente para a área interna do edifício, como eu havia solicitado. Por fim um pouco de tranquilidade. O quarto é bege, com um sofá de couro marrom no canto. A cama, imensa, foi recém-feita, e eu me deito um pouco para renovar as energias que fui perdendo durante a viagem de avião e o interminável trajeto de táxi. Mas, de repente, me vem à mente a primeira missão que tenho que cumprir, urgente: ligar para a Prinsa.

Meu interlocutor na empresa não está, de modo que deixo uma mensagem. Decido descer novamente à recepção. A garota que me atendeu quando cheguei, uma morenaça que não para de sorrir e diz se chamar Eva, oferece-me um guia para visitar a cidade.

— Temos muitos, e todos com ótimo preço.

Pega uma lista, antes que eu possa reagir, e a põe debaixo dos meus olhos. Não tenho nenhuma intenção de contratar um guia turístico, mas um nome me chama a atenção, por ter o mesmo sobrenome daquele escritor espanhol:

Rafael Mendoza — Guia turístico
Fotojornalista e câmera
Tel.: 58-5863
Bip: 359357934

— Conhece Rafael Mendoza? — pergunto a Eva.

— Rafael é um ótimo profissional, além de excelente fotógrafo. Não gostaria de ter fotos do Peru?

Seu rosto se iluminou ao pronunciar o nome dele. E de novo sem me perguntar nada, já está discando o número do telefone.

Ela deixa uma mensagem na secretária eletrônica: "Rafa, é Eva, do Hotel El Pardo. É urgente. Tenho um trabalho para você".

Com a promessa de Eva de que conhecerei Rafa no dia seguinte, pego o elevador com uma vontade de transar que não sei explicar. Talvez seja a tensão de tantas horas de voo.

Ao chegar ao andar do meu quarto, enquanto procuro as chaves na bolsa escuto uma voz.

— Boa tarde, senhorita. Que coincidência estarmos no mesmo hotel!

Ainda não vi seu rosto, mas olhar à altura de seus lábios é o suficiente. Reconheci o sorriso cúmplice nessa boca pequena, cínica, que babava umas horas antes em minhas pernas, dentro do avião. O paquiderme meio calvo já introduziu a chave na fechadura da porta do seu quarto. Paro um instante para olhar e ele aproveita para dizer:

— Quer entrar um pouco e beber alguma coisa comigo?

Surpreendo-me ao responder que sim, que é muito gentil de sua parte, que é curioso que estejamos hospedados no mesmo hotel, até que a porta se fecha atrás de mim. Ele me convida a sentar no sofá, que é igualzinho ao do meu quarto. Só há diferença na cor das paredes, que são amarelo berrante com cortinas combinando.

— O que quer beber? Champanhe, vinho tinto...

— Uísque — respondo sem pensar.

— Puro ou com gelo?

— Com gelo, por favor.

O paquiderme pede gelo ao serviço de quarto, e, enquanto se serve de uma taça de champanhe, começa um interrogatório sobre as razões de minha ida ao Peru.

— Trabalho para uma agência de publicidade — explico, tentando adotar um ar gentil.

No fundo, ele parece ser boa pessoa; foi sua gordura que me fez rejeitá-lo assim que o vi. Sinto-me culpada durante algum tempo.

— E você?

— Trabalho em uma companhia telefônica. Sou do setor de informática, vim instalar uns programas em nossa filial peruana. Sabia que nossa empresa investiu algumas dezenas de milhões de euros no Peru? — pergunta ele, como um professor que quer saber se seu aluno está bem preparado para uma prova.

— Ah, sim? Sei que desde o desaparecimento do Sendero Luminoso, cada vez mais empresas estrangeiras estão investindo aqui. É muito bom para o país. — Seu olhar é de absoluta aprovação. Batem à porta. O paquiderme pega o balde de gelo das mãos do camareiro e fecha a porta dando um empurrãozinho com a perna esquerda. Parece ágil, apesar de seu sobrepeso. Ele me entrega um copo com uísque sem deixar de me encarar.

— Quanto tempo vai ficar aqui?

Ele quer saber tudo.

— Acho que uns quinze dias. Vai depender das visitas que terei de fazer a clientes da agência. Às vezes, alguns cancelam as reuniões ou as adiam, o que atrapalha todo o meu planejamento.

Peço outro uísque. O paquiderme, que se chama Roberto — assim diz seu cartão de visita, que me deu como se fosse o mais precioso dos tesouros —, serve-me outra dose, que vou bebendo rápido, mas em pequenos goles.

O segundo drinque começa a fazer efeito e vou sentindo um formigamento que sobe por minhas pernas e vai se concentrando à altura do púbis. Um calor invade minha espinha dorsal e escala minhas costas até a nuca. Enquanto ele continua falando, tiro a blusa e o sutiã, e Roberto detém subitamente seu monólogo, visivelmente surpreso. Sem prévio aviso, ele se lança bruscamente sobre meus mamilos e os aperta como se estivesse tentando esvaziar um balão. De repente, me sinto transformada em um osso de borracha para cachorros. Depois, babando, ele pega meu mamilo esquerdo entre o polegar e o indicador como quem tenta encontrar uma estação de rádio. Odeio isso, mas deixo-o fazer. Para ser sincera, eu o provoquei, quando aceitei entrar nesse quarto.

Sua falta de habilidade manual na região de meu púbis acaba em uma confusão de seus dedos gordos nos elásticos da minha calcinha. Eu o ajudo e a tiro sozinha, e, tomando essa atitude como um convite direto para entrar em minha genitália, ele leva a mão até o meio das minhas pernas e tenta introduzir os cinco dedos em minha vulva, como se estivesse escondendo em uma chaminé o butim roubado de um banco. É muito desajeitado, na verdade, e seu rosto está coberto por um suor glacial. Penso que não me dá perspectivas de uma trepada inesquecível. Por fim, ele começa a tirar a roupa. Mas, digno de um principiante na matéria, tira tudo menos as meias. Essa simples visão me dá vontade de gargalhar, mas me contenho. Com cara de desânimo, busco seu pênis, mas as toneladas de carne que formam sua barriga cobrem justamente essa parte de sua anatomia. Ele vai ter que levantar a gordura para poder ter uma relação sexual; senão, vai ser desastroso. Sem mais preliminares, ele introduz sem ternura seu pequeno objeto que a cueca apertada demais, de um branco duvidoso, estrangulou, e começa a se mexer como um pistão. Apesar de sua falta de jeito, tenho que lhe dar uma chance.

Ele está com o rosto escondido no travesseiro e as mãos debaixo de minhas nádegas. Meu corpo estremece, mas estou com medo de acabar asfixiada por tanto peso.

Decido tomar a iniciativa. Saio de baixo dele com um movimento de ombros para trás e ele me lança um olhar que poucas vezes encontrei: de um matador de aluguel. Nem me pergunta se aconteceu alguma coisa.

— O que está fazendo? Eu ia gozar — censura-me.

— Fique de barriga para cima — ordeno.

Meu tom não parece lhe agradar, mas ele obedece, vira-se e fica de pernas abertas e um pouquinho levantadas, como um cachorro balançando o rabo à espera de um carinho.

Vejo que gosta que mandem em você, gordinho, penso com um sorriso nos lábios. *Estava dando uma de macho, mas o que realmente o excita são mulheres dominantes. Ora, bastava me pedir.* Fico em pé em cima da cama, viro de tal forma que fico com a bunda voltada para ele, e me sento em cima de seu pequeno ponto de exclamação. Ele começa a gritar para me incentivar, como um treinador de futebol em um estádio.

— Isso! Continue! Que delícia! — late meu gordinho.

— Você vai saber quanto vale uma francesa — digo, voltando a cabeça para que ele veja minha expressão.

— Isso! Isso, isso!

A careta que se desenha em seu rosto me faz pensar que ele já gozou.

Logo depois, gozo também.

Pulo imediatamente da cama, vou ao banheiro para ver em que estado ficou meu cabelo e a maquiagem, e volto ao quarto para me vestir. Meu gordinho jaz sem forças em cima da colcha. *Não foi para tanto,* penso. Já vestida, procuro meu maço de cigarros na bolsa e acendo um, olhando para ele e me perguntando como esse homem pode ter me dado prazer.

— Que maravilha! — suspira Roberto.

Os cabelinhos de cada lado de sua cabeça, os únicos que ainda lhe restam, estão completamente molhados.

— Espero que façamos isso de novo.

Sorrio em resposta e vou embora de seu quarto. Sem dúvida, o corpo fala. E é minha maneira de me expressar com as pessoas. Além do mais, hoje fiz uma boa ação. Esse homem com certeza acaba de perder quinhentos gramas, e eu estou cada vez mais perto da linha de chegada da maratona.

Traçando um índio

12 de abril de 1997

Quando, ao abrir a porta de meu quarto, vejo-o com sua camisa xadrez branca e preta, imitação da grife francesa Façonnable, desejo subitamente me transformar em uma pecinha do jogo de damas para percorrer todo seu torso e costas. Ele imediatamente me inspira um jogo com regras mais violáveis que outras.

Rafael é bonito como um deus. Tem cabelos pretos, compridos e finos, que ele prende em um rabo de cavalo, domado por um elástico, e não para de colocar umas mechas rebeldes atrás das orelhas à medida que vai falando. Sua pele tem uma cor de azeitona azulada, que daria inveja às quarentonas que passam a vida bronzeando o corpo ao sol, nas praias do mundo.

Rafa não dá importância à cor da pele. Nem eu. Devo admitir, ao contrário, que suas origens indígenas logo me atraíram. Seus dentes parecem de marfim, e me sinto momentaneamente uma integrante de um safári diante de um elefante africano.

Depois de falar do orçamento para trabalhar algumas horas por dia como guia e tirar umas fotos bem interessantes do país, eu o convido a passar um fim de semana louco comigo, e sua integridade física corre muito perigo. E ele sabe, mas acho que quer correr o risco. Não preciso de nenhum guia, mas já está contratado.

14 de abril de 1997

Adoro a intensidade de nossos encontros. Sinto uma felicidade que ele nem sequer suspeita. Ele me motiva e inspira.

A primeira vez que nos encontramos, fiquei imaginando se sua pele seria salgada. Depois, descobri que cheirava a fava de baunilha.

Ao fazermos amor, hoje de manhã, ele me sussurrava palavras em espanhol, não em quíchua. Esse detalhe revelava certa timidez; ele queria tomar distância, pronunciando palavras em outra língua para negar essa vontade louca de me possuir. O ruído de seu discurso desliza pelas paredes do quarto e suas palavras assaltam meu corpo, que se contrai cada vez que uma delas penetra meus ouvidos e faz cocegazinhas em minha trompa de Eustáquio. E vai me debilitando pouco a pouco. Nunca consigo lhe dizer não. Depois de transar, acabo sempre pigmentada de frases, minha boca se enche de restos imaginários de folhas de coca que mastigamos juntos e meu cabelo brilha como nunca. O dele também. Quando trepamos ele sempre deixa seus fios soltos, e é como uma camurça suave de proteínas orgânicas que vai lustrando meu corpo.

Gosto da sensualidade de seus lábios, e enquanto chupo seu dedão do pé, observo, divertida, como se retorce, meio de prazer, meio de cócegas, e como estremece sobre os lençóis imaculados da cama. Mordo seus calcanhares, como um cachorro que finca os dentes em um chinelo. O barulhinho da madeira da cama contra a parede deve revelar ao vizinho do lado uma atividade reprodutora invejável para muitos casais; não se trata do forte som de uma posse louca, como um Cro-Magnon com sua fêmea, e sim de algo mais sutil, que arrepia. Em muitas dessas ocasiões penso em Roberto, meu gordinho.

Rafa muitas vezes unta meu corpo com geleia de laranja amarga — que sobra do café da manhã, pois nunca gostei. Primeiro, ele me lambe suavemente, com sua linguinha pontuda, e, depois, a introduz em minha boca. Sua pele é mais suave que mármore italiano, e é a primeira vez que tenho à minha mercê um corpo completamente imberbe. Sinto orgulho de ter tal espécime em minha cama.

Depois de muitos carinhos e momentos de prazer, ele tira o preservativo, quase estourando de tão cheio, e o deixa ao lado da cama. Lembro de repente do erro que muitos homens cometem ao deixar a camisinha usada à vista de todos, mas, desta vez, o perdoo. Ao contrário, agradeço-lhe com um olhar complacente por me dar em oferenda seu sêmen cristalino. Pego a camisinha com dois dedos e levo o nariz ao pequeno depósito, buscando o aroma da água de mar misturada com clara de ovo, mas o único cheiro que capto é o do látex recoberto de uma substância que, segundo a embalagem, serve para aumentar a sensibilidade.

Quando saio do chuveiro, enrolada em uma toalha azul, recém-aberta, que deixa um monte de bolinhas presas pelo corpo, fico diante do espelho e constato com horror que algumas se camuflaram em minhas partes íntimas. Ao me ver assim, Rafa, rindo, introduz os dedos por todos os recantos escondidos, com a segurança de um cirurgião plástico, decidido a me remodelar por completo, e vai tirando delicadamente um a um esses pelinhos, como se estivesse tirando espinhos de minha pele. Hoje me sinto diante do chefe dos índios cujo apelido é Touro Sentado.

— Você é uma delícia, chefinha — diz ele suavemente.

E você é meu totem particular, penso.

18 *de abril de* 1997

É noite, e Rafa está dirigindo rumo aos morros mais perigosos de Lima. Quando lhe pedi para que fôssemos ali, ele me olhou fixo e disse:

— Tudo bem, chefinha, mas com a condição de que prenda o cabelo e o esconda, para que não vejam que você é estrangeira. Além do mais, vou levar uma arma, por via das dúvidas, e fechar as portas. Nem pense em sair do carro, certo?

— Certo — respondi séria.

Não gosto de prender o cabelo. Nunca gostei de fazer rabos de cavalo, nem tranças, nem nada de nada. Tenho complexo das minhas orelhas. Na escola me chamavam de Dumbo, porque se sobressaíam entre meu lindo cabelo comprido. Deus sabe como são cruéis as crianças. Felizmente, minha mãe percebeu e mandou me operar aos dez anos. Passei um verão inteiro na Côte D'Azur com uma faixa cobrindo toda a cabeça. E as pessoas perguntavam a minha mãe se eu havia sofrido um traumatismo craniano ou se tinha câncer. Mamãe batia na madeira o dia todo para exorcizar tantas doenças, por via das dúvidas. Acho que o cirurgião não era muito bom, porque minhas orelhas ainda parecem folhas de couve, o que continua me complexando.

A estrada — se é que se pode chamar assim — consistia de um terreno salpicado de terra, parecida com areia, com marcas de tráfego intenso. Nosso carro se desloca como um barco em plena tempestade, mas eu, curiosamente, não sinto muito medo. Ao contrário, gosto dessas descargas de adrenalina. Além do mais, acho excitante saber que tenho ao meu lado um homem armado.

Vemos ao longe umas luzes que parecem iluminar casas assentadas no alto da colina.

— Pare o carro! — digo a Rafa.

— Como?

Ele desacelera um pouco e volta a cabeça para mim.

— Pare o carro já!

Estou quase gritando, e, na escuridão, não posso ver sua expressão de desconcerto, mas imagino.

— Se eu parar agora não vou conseguir dar partida de novo, chefinha.

Rafa tenta pôr muita ênfase em sua explicação.

— Então, empurraremos.

Minha solução para o problema não parece convencê-lo, e ele não me dá ouvidos. Então, pego o freio de mão e, com um movimento seco e seguro, puxo-o sem pensar nas consequências dessa manobra temerária.

— Está louca, chefinha? Podíamos ter sofrido um acidente! — grita ele.

Com o braço, ele me empurra, impedindo que minha mão levante o freio totalmente. O carro para bruscamente.

— O que é que há com você? — pergunta ele, meio irritado com meu atrevimento.

— Quero que me possua agora mesmo.

— O quê?

Ele está quase rindo. Vejo que compreende o que quero dizer, mas não se atreve a pensar que eu possa ser tão ousada.

— Quero que faça amor comigo agora mesmo, aqui, no meio da estrada — digo, esforçando-me para abrir a porta do carro.

É difícil porque o carro está em uma ladeira, inclinado. Depois de empurrá-la várias vezes, consigo. Pulo do banco como se estivesse em um ambiente sem gravidade e me coloco na frente dos faróis para que Rafa possa me ver melhor. Talvez isso desperte sua libido. A paisagem é meio hostil, e, para piorar, tudo está silencioso. Nem um barulho. Nem pássaros que cantam. Logo Rafa também sai do carro e fica atrás de mim. Com uma mão, empurra-me contra o capô e levanta minha blusa. Começo a sentir o toque da ponta de seus dedos, desenhando em minhas costas pequenos oitos. O sinal do infinito. Comunicação das abelhas. De vez em quando, ele molha um dedo com a língua e desenha de novo, até chegar ao começo de minhas nádegas. Impaciente, abre o botão da minha calça, que vai caindo e cobre meus tênis. Com as duas mãos, levanta meus glúteos para que meu sexo faminto fique à altura de seu falo, que se ergue na escuridão como a reivindicação do todo-poderoso. Nesse exato momento passam por minha cabeça imagens de um filme de terror que vi com uns amigos da universidade. De arrepiar! Era a história de um monstro, que dotado de um membro de dimensões extraordinárias, violentava todas as virgens que encontrava. Todas morriam empaladas nessa pica gigantesca. Nós costumávamos ver filmes de terror antes das provas, para aliviar tanta pressão.

Esta noite, no fundo, estou apreensiva, por isso quero provocar Rafa. Ele começa seu vaivém, e, entre dois gemidos meus, noto que está prestes a gozar. Não o impeço. Gosto de ver que não consegue resistir. E ele se deixa. Logo eu inicio minha ascensão. Lembro a estrela fugaz em que Cristián se transformou, e os outros homens que passaram por minha vida, inclusive os que ainda estão por vir. Nunca tive a memória tão clara. Solto um grito que com certeza foi ouvido nos barracos construídos mansamente sobre a colina.

— Tire fotos, assim, com a calça abaixada.

Rafa não se faz de rogado, e, armando-se de seu potente flash, dispara seu terceiro olho sobre minha silhueta.

— Sorria — pede, enquanto vai se aproximando um pouco mais.

Faço várias poses, orgulhosa de ser modelo improvisada de uma noite.

— Vamos embora já! — ordeno quando já estou cansada.

Entramos os dois no carro, e depois de pisar várias vezes no acelerador, conseguimos seguir caminho. Quando chegamos ao pequeno povoado em cima da colina, a vista de Lima é inigualável. Um monte de crianças cerca o carro, acompanhando nosso caminho, correndo atrás de nós. Paramos um instante.

— Tire fotos da cidade — peço a Rafa. — E das crianças. Pode ser?

— Sim, chefinha. Mas fique quieta, por favor! Não quero ter problemas com essa gente. Veja como olham para nós!

Gente vai se amontoando, saindo de uns bares construídos com papelão e madeira, curiosos, querendo saber quem são essas pessoas que se aventuraram em um território só reservado aos pobres, aos sem nada.

Vejo parabólicas em cima dos barracos.

— Como podem ter antenas parabólicas? Nem eu tenho uma em minha casa na Espanha! — pergunto, completamente desconcertada.

— O governo trouxe eletricidade e água até aqui. Parece incrível, mas é verdade. Até ônibus chegam aqui. São privados, mas a passagem é acessível a eles. Muitos vendem frutas no centro da cidade durante o dia e depois voltam para suas casas — me explica enquanto enquadra as crianças para uma foto.

Elas se divertem fazendo caretas estranhas e mostrando a língua.

— Tire uma foto, Rafa.

— É o que estou tentando fazer.

Nesse mesmo instante percebo que ainda estou com a calça aberta. Com dificuldade, tento fechá-la, mas umas batidas terríveis no carro me impedem. Ao levantar a cabeça, percebo que algumas pessoas, com "cara de poucos amigos", estão tentando virar o carro.

— Segure-se, chefinha, vamos cair fora daqui! — grita Rafa.

Joga a câmera sobre minhas pernas e engata a primeira muito nervoso.

As pessoas vão dispersando, e, pouco a pouco, só o que vemos é a poeira que vai se levantando atrás de nós.

— Conseguiu bater fotos? — quebro o silêncio apenas quando já estamos chegando ao hotel.

— Sim, chefinha. Mas saiba que foi uma loucura ir lá. Podia ter acabado mal.

— É, Rafa. Podia.

Desgostos

19 de abril de 1997

Apesar do susto imenso que levamos ontem, hoje estou cheia de vitalidade e de bom humor… e de cólicas. Uma ligação da empresa que tenho que visitar mudou totalmente meu dia, e o diretor de marketing está me esperando em Trujillo, uma cidade a uns quinhentos quilômetros de Lima. Para chegar até lá tenho que pegar um avião.

— O doutor vai recebê-la às duas da tarde — diz a secretária.

Mal tenho tempo de chegar ao aeroporto, pegar o voo e chegar na hora da reunião.

Quero levar Rafa comigo, mas ele dá muito trabalho para acordar. Depois de lhe dar várias cotoveladas para que acorde, e de um banho que dura uma eternidade, "voamos" de táxi até o aeroporto. O taxista se assusta e deve pensar que estou louca quando digo que estou com muita pressa. O tempo, para ele, tem outro sentido.

— Não me interessa se há outros carros à nossa frente. Vá pela calçada. Não se preocupe com a polícia, está tudo sob controle. Por isso… voe!

No aeroporto, temos que pegar fila. Acho que não vamos conseguir sair a tempo. No fim, conseguimos um voo e fico mais calma.

Depois da decolagem, uma comissária de bordo lindíssima se aproxima para nos oferecer o almoço, mas nem Rafa nem eu conseguimos engolir.

— Podemos tirar umas fotografias no avião? — pergunto a Rafa.

— Você é fotógrafo? — pergunta a comissária de bordo ao vir com o carrinho retirar as bandejas que nem tocamos.

— Sim.

A comissária sorri timidamente.

— Ela gostou de você — digo no ouvido de Rafa.

— Como você sabe?

Ele parece incomodado. É normal que as mulheres gostem de Rafa. Ele é um homem muito bonito, mas também meio tímido.

— Intuição feminina.

— Não a incomoda?

Por que ia me incomodar? Eu não sou exatamente uma mulher ciumenta. Ao contrário. Acho lisonjeiro que outra mulher se sinta atraída pelo homem que está comigo. E, além do mais, como posso pedir a um homem que seja fiel a mim se vou para a cama com quem quero?

Até já tinha pensando em contar a Rafa sobre o que me aconteceu no meu primeiro dia em Lima, com Roberto, mas não o faço por respeito. Não sei como ele encararia; temo sua reação e entendo que nem todo mundo está preparado para escutar minha própria filosofia de vida.

— De jeito nenhum! Não sou ciumenta, você sabe — é a única explicação que lhe dou.

Chegamos a Trujillo depois de quase uma hora de voo. Rafa e a comissária de bordo por fim trocaram telefones, porque, segundo ela, está procurando um fotógrafo profissional para a primeira comunhão de seu sobrinho.

A primeira coisa que vemos no aeroporto são uns cartazes advertindo que há um surto de cólera na cidade. Melhor evitar beber água da torneira e pedir gelo.

Vamos diretamente para minha reunião, que não se desenvolve tão bem quanto eu esperava, e, depois, para tentar me acalmar, visitamos a cidade. Na periferia descubro que Trujillo é um deserto cheio de plantações de aspargo. A maioria é exportada para a Espanha. Diante dessas dunas férteis sinto raiva e tristeza. Sei que a reunião com o diretor de marketing da Prinsa significa encurtar minha estadia no Peru. Consegui a reunião que eu queria, e ficar mais não faz sentido agora. Mas Rafa ainda não sabe.

Tenho medo de lhe dizer. Sempre o mesmo defeito: retardo as coisas importantes. Evidentemente, não estou apaixonada, mas ele me acolheu com muito carinho.

Noite de 21 de abril de 1997

— Alguém aí? Estou aqui! Por favor, alguém me tire daqui!!! Estou sufocando!

Na escuridão total, procuro desesperadamente um ponto de luz para me orientar. Todo meu corpo dói, principalmente as pernas. Não consigo emitir nenhum som. Minha mandíbula está completamente aberta e paralisada.

— Alguém me ajude!

Não consigo me mexer. Agora já não sinto mais os membros. Parece que me enterraram dentro de um caixão. Mas não estou morta.

Talvez seja um sequestro e estou em um cativeiro mantido pelo grupo separatista basco ETA. Por quê? Não pode ser real. Eu não tenho nada a ver com o problema basco. Mas, que diabos! Estou no Peru, não na Espanha. Acabo de ter uma reunião com o diretor de marketing da Prinsa S.A. Então, o que está acontecendo? É o Sendero Luminoso?

— Sou cidadã francesa, com residência na Espanha.

Tento lembrar: Abimael Guzmán, líder do Sendero, está na cadeia, os demais líderes da organização caíram, não há mais atentados faz tempo. Portanto, não pode ser. Não faz sentido. Talvez sejam as crianças dos morros que me mantêm como refém. Mas isso não é possível; se minha memória não falha, saímos incólumes dali. Então, certeza que é um castigo de Deus pelos muitos pecados que cometi na vida. Mas eu nunca fiz mal a ninguém. Só queria um pouco de prazer.

— Tirem-me daqui! Se eu me acalmar vocês me tiram? Alguém responda, não aguento mais!

Estou com falta de ar, começo a sentir claustrofobia e me sinto muito mal. Com certeza fui drogada, porque estou muito tonta. Tenho vontade de coçar o nariz, mas não consigo levantar nem o dedo mínimo. Tento mexer os olhos, mas pareço um velho cavalo cego.

Ouço um barulho. Passos, vozes. Estou tão mal que já não sei se é minha imaginação ou realmente alguém se aproxima.

— Estou aqui!

Presto atenção um instante. Parece que me ouviram. Mas, o que está acontecendo? Sinto um barulho terrível e sacudidas que não sei explicar. Um terremoto? Já achei a explicação. Estou debaixo dos escombros de um edifício que caiu por causa de um terremoto.

— Socorro!

Com certeza sabem que há sobreviventes. E devem ter uma equipe de resgate com cães, com certeza, porque no Peru terremoto é coisa normal e corriqueira.

Tento me acalmar, mas sinto um terror repentino: e se fiquei paralítica? Mal sinto meu corpo. Começo a rezar.

— "Pai Nosso que estais no Céu, santificado seja o vosso nome, venha a nós o vosso reino, seja feita a vossa vontade, assim na Terra como no Céu. O pão nosso de cada dia nos dai hoje, perdoai as nossas ofensas..."

Luz! Estou vendo. Minha prece funcionou. A luz fere meus olhos, mas percebo alguém.

Alguém? É Roberto, meu gordinho!

— Roberto! Estou aqui! Ajude-me, por favor! Como estou contente por vê-lo! Que foi? E essa cara de canalha.

Roberto está se aproximando de mim com um ar ameaçador que tento decifrar. Pega violentamente minha cabeça com as duas mãos e a leva até sua braguilha aberta. Não tenho tempo nem de suspirar.

— Tome, tome, tome, boneca inflável de merda! — diz meu gordinho, pondo o pênis sifilítico em minha boca de borracha.

22 de abril de 1997

Acordo com febre e sobressaltos em minha cama do Hotel El Pardo me perguntando: sofro síndrome de Estocolmo por meu sequestrador de sex shop?

Esse pesadelo me persegue boa parte da manhã, e a febre também. Mas preciso me concentrar, porque tenho muitas coisas para fazer hoje. Entre outras, achar um voo de volta para a Espanha e comprar um postal de Machu Picchu para a minha avó, que eu prometi.

No balcão da Iberia conseguem o impossível: um lugar no voo da noite seguinte. Tenho, portanto, vinte e quatro horas. No centro da cidade encontro um velho vendedor ambulante com todo tipo de livros e postais. É muito simpático, e acho engraçado vê-lo com seu cigarro de milho se consumindo sozinho, sem que ele dê uma tragada. Está quase queimando os lábios, mas não parece se preocupar. Quando lhe pergunto pelo postal de Machu Picchu, ele pega toneladas de imagens do famoso lugar, coloridas, em preto e branco, com várias vistas e legendas em todos os idiomas. Com certeza aqui encontrarei minha felicidade. Parece que ele os coleciona desde que nasceu, porque muitos têm um tom amarelado e esse cheiro típico dos livros que permaneceram muitos anos em velhas bibliotecas. Escolho um cartão-postal colorido, pago o dobro do preço — sinto pena, pobre homem, o que me cobra em soles é uma miséria — e, contente com minha aquisição, após os agradecimentos e reverências do bom homem, que parecem de um diplomata japonês, volto ao hotel.

Querida Mami,

Mando seu pequeno postal, como prometi, mas confesso que não visitei Machu Picchu. Não tive tempo. Já fui à reunião com a empresa e volto para a Espanha amanhã à noite. Ligo quando chegar em casa. Beijos enormes.

Sua filhinha.

Deixo o postal na recepção, insistindo para que o enviem o quanto antes. Eva diz para eu não me preocupar. Vai chegar, mas me adverte que pode demorar um pouco.

Depois, ligo para o Rafa, que está participando de um programa de aeróbica na praia todas as manhãs para a televisão peruana, e marco com ele no bar Mojito ao meio-dia. Hoje de manhã ele saiu muito cedo, deu-me um beijo inocente nos lábios e foi embora correndo, não sem antes perguntar por minha saúde. Tenho pouco tempo para pensar em como contar a ele que vou embora no dia seguinte.

Tomo a temperatura de novo: 37,7. Baixou um pouco, mas ainda não me sinto bem, de modo que me deito novamente.

O que vou dizer ao Rafa? Como ele vai encarar? Vai brigar comigo por eu não ter dito antes e por ganhar dois beijos de despedida no rosto, sem perspectivas de um novo encontro? Meus pensamentos duram a manhã toda, e quando se aproxima a hora do almoço, levanto-me e me maquio um pouco, para esconder as linhas azuladas que se instalaram debaixo de meus olhos. Minha cara está péssima. Pego um casaco e vou correndo.

O Mojito está cheio da *beautiful people* e do *jet-set* de Lima. É o lugar da moda para comer e beber alguma coisa. O restaurante tem dois andares. Embaixo, há mesas e cadeiras verdes, e se chega à parte de cima por uma escada de madeira, como nos bares dos westerns americanos, onde sempre aparece uma cortesã com saia de cancã, lasciva e cheia de plumas na cabeça, lançando olhares ameaçadores a todos os caubóis apoiados no balcão. O segundo andar do Mojito só abre ao público à noite. Tem uma parte interna e uma série de varandas com uma única mesa, onde se pode beber um drinque ouvindo música. Procuro Rafa e o encontro bebendo uma Corona, ao estilo mexicano. Está chupando o pedacinho de limão, olhando, de vez em quando, para as marcas que seus dentes vão deixando na polpa da fruta.

— Sua cara não está boa, chefinha! – diz ele, levantando-se para pegar uma cadeira para mim.

— Acho que a viagem a Trujillo não me fez muito bem — digo, evitando seus olhos.

Faço um sinal com a mão para chamar o garçom.

— Tem certeza de que é só isso?

Noto que ele suspeita de alguma coisa. Está muito nervoso, não para de tirar o rótulo molhado da cerveja, e vai arrancando pedacinhos, até deixar a garrafa totalmente limpa.

— O cardápio e outra Corona, por favor — peço ao garçom.

Acendo um cigarro e começo a tremer. Rafa nota, mas não faz nenhum comentário.

Pedimos umas enchiladas de queijo, burritos, mas sem pimenta para mim, e uma garrafa de vinho tinto da casa. Uma refeição bem peruana!

— Não sei se é bom você beber álcool.

Agora Rafa está sério.

— Vou beber só um pouco. Acho que não estou bem por causa do dia extenuante que passei ontem. Estou muito nervosa por causa desses cartazes que falavam da cólera em Trujillo. Estou meio enjoada, mas não perdi o apetite. Isso é um bom sinal, não?

Não consigo convencê-lo. Comemos em um profundo silêncio, interrompido de vez em quando pelos olhares que Rafa me lança disfarçadamente, por seu relato sobre o trabalho, pelas fotos que batemos e que ele me entrega, e pelo maldito garçom que fica trazendo as coisas a conta-gotas. Quando acabamos de comer, levantamo-nos e digo ao Rafa que vou voltar para o hotel. Quero ficar sozinha, e se a febre não baixar, tenho a intenção de chamar um médico. Ele balança a cabeça, aprovando minha decisão, e quando vou entrar no táxi, ele deixa cair em minha bolsa um envelopinho acartonado amarelo.

— Prometa que vai seguir as indicações escritas no envelope.

Estou muito surpresa, mas meu estado não me permite reagir e perguntar o que significa tudo aquilo. Faço sim com a cabeça e fecho a porta. Em um semáforo, viro-me e o vejo ao longe, com um ar tristonho. Está levantando febrilmente a mão em sinal de despedida. Não sei por que, mas intuo que não o verei nunca mais. E ele também sabe.

23 de abril de 1997

O médico veio ontem e me diagnosticou uma gastroenterite. Aconselhou-me, também, que quando chegasse à Espanha fosse ao hospital fazer exames e descartar uma possível salmonela. Dormi a tarde toda, e depois tentei falar com o Rafa, mas seu celular estava permanentemente fora de área. Levantei-me várias vezes à noite, para fazer xixi ou porque estava suando muito e delirando. Voltou-me à cabeça o encontro com Roberto e o pesadelo da noite anterior. O ar ficou muito pesado e pressionava todo meu corpo, a tal ponto que achei que ia acabar sepultada. Reinava no quarto um cheiro de ovo podre, que era simplesmente o efeito bumerangue de meus arrotos de desgosto contra as paredes.

Hoje de manhã, no entanto, estou melhor. A febre foi embora à mesma velocidade que chegou, e estou com vontade de tomar café da manhã e fazer a mala. Tento ligar para o Rafa mais uma vez, mas sem sucesso. Ou ele está bravo comigo, ou sabe que vou embora e quer poupar uma despedida dramática. Não guardo rancor por isso. Fico o dia todo trabalhando, fazendo os relatórios das reuniões com os clientes, para não pensar.

Um táxi me espera à porta do hotel, e me despeço de Eva, de quem gostei desde o primeiro momento. Vou sentir sua falta. Não posso esconder minha tristeza e sinto vontade de chorar. No táxi, não consigo mais me conter, e diante do olhar preocupado do taxista pelo retrovisor, não paro de assoar o nariz com um pedaço de papel higiênico que encontrei na bolsa. Quando não tenho lenço de papel, sempre pego um pedaço de papel higiênico nos banheiros públicos, que utilizo para secar lágrimas inoportunas, como agora, ou para tirar o excesso de gordura da testa e das narinas.

No balcão da Iberia, procurando minha passagem e meu passaporte, encontro o envelopinho retangular que Rafa me deu. É muito singular, fechado por um selo de cera vermelha, com as iniciais R. M.

Reconheço a letra dele na seguinte instrução: "Abra somente durante o voo". Apalpo o envelope para tentar descobrir o conteúdo. É muito duro. Vou abri-lo dentro do avião, não antes, embora morra de curiosidade. Eu lhe prometi.

Passamos por muita turbulência esta noite. Sempre acontece quando as comissárias estão servindo a comida. Parece de propósito. Estou vigiando o copo de suco, que não para de andar para a direita e para a esquerda e vice-versa, como em uma sessão espírita.

O sinal luminoso do cinto de segurança se acende de repente e meu coração começa a bater mais forte que de costume. Suporto cada vez menos viagens de avião. Preciso me acalmar fumando um cigarro, mas corro o risco de levar uma bronca monumental das comissárias e dos demais passageiros, e de me frustrar por dar somente duas tragadas. O que eu daria por duas tragadas! Então, lembro-me do envelope de Rafa e o pego novamente com a delicadeza de quem tem nas mãos um diamante de um milhão de dólares.

Ao abri-lo, encontro uma caixinha linda com um papelzinho dobrado dentro. Contém uma mensagem muito curta, mas contundente:

Querida chefinha,
O tesouro do amor vem em pequenos cofres.

Rafa

Rafa, por que escreveu uma mensagem tão curta? Sinto-me bulímica ao ler suas palavras; não tinha mais nada a me dizer? Releio a mensagem várias vezes e capto o significado tão profundo que essa caixinha encerra. As lágrimas que caem de meus olhos não têm nada a ver com as que verti no táxi a caminho do aeroporto. São lágrimas entrecortadas de soluços quentes, que decidiram por fim se liberar como um rio furioso. São lágrimas que brotam de um coração muito úmido de tristeza. Não me lembro de ter chorado assim por nenhum homem na vida. Mas choro realmente por ele ou pelos momentos de felicidade que sempre são únicos e não se repetem?

Uma guinada de 180 graus

24 de abril de 1997

Ninguém está me esperando no aeroporto. É muito cedo ainda. Chego com o nariz completamente entupido por ter chorado durante sete das doze horas do voo, e os olhos inchados, como se houvesse levado uma picada de abelha em cada pálpebra. Tentei me consolar pensando que deixei Rafa em boas mãos. Sem dúvida, ele vai se enroscar com a comissária de bordo que encontrou no voo para Trujillo. E esse pensamento me faz sorrir.

A primeira coisa que faço é acender um cigarro. Enquanto estou esperando um táxi à saída do terminal, retomo o meu número espanhol no celular — que, no Peru, funcionou com um número local. A caixa postal deve estar cheia de mensagens, mas depois terei tempo de ouvir todas, quando chegar em casa.

Marquei com Andrés à tarde para passar-lhe um resumo de meu trabalho. Vou para casa, deitar um pouco, e, no meio da tarde, passo pelo escritório.

No caminho, redescubro a civilização que deixei para trás há poucos dias. Observo cada movimento da cidade. Em um semáforo, vejo um homem em frente à vitrine da Gucci, olhando atentamente o preço de uns sapatos de salto altíssimo. Está falando sozinho e tem um TOC: seu lábio inferior cobre sem parar o superior. Em um salão de chá um executivo aponta com o dedo o doce maior, com creme inglês transbordando por todos os lados; com a ponta da língua umedece a borda esquerda dos lábios. Eu me sinto bem. Tudo anda muito depressa e reencontro meu ritmo.

Nunca fui tão rápido do aeroporto até minha casa; a cidade ainda não se pôs em marcha. No entanto, a atmosfera começa a ficar carregada com uma neblina cinzenta e densa da poluição, que acordou antes de todos os barulhos da urbe, e a umidade já ameaça chegar a seus níveis mais altos. A sirene de uma ambulância me recorda que estou de novo na Espanha, e que todo o resto ficou para trás. Em cada país essas sirenes são diferentes e fazem de quem as ouve um estranho. E hoje me sinto bem, mas estranha.

Minha caixa de correspondência está lotada de cartas. Entre elas, duas me chamam a atenção: uma com meu endereço escrito à mão e a outra é um aviso de recebimento, com um adesivo azul dizendo que, como não me encontraram em casa, entregaram o pacote no A. Depois vou buscá-lo.

Abro a outra carta e vejo instintivamente quem a assinou. É Cristián. Por que Cristián está me escrevendo cartas? Não estou a fim de lê-la agora. Além do mais, depois de me ignorar quando mais precisei dele, ainda sinto um pouco de rancor.

Estou contente por chegar em casa. Cumprimento cada um dos meus móveis. Para mim, eles têm vida própria. Não são muitos, mas têm um grande valor sentimental. Especialmente um quadro, que é a reprodução de um rosto pintado por Modigliani. Todas as pessoas que passaram por minha casa me perguntaram se era eu.

— Eu? — disse uma vez, muito surpresa, com uma careta de desgosto.

— Sim! Você se parece muito com essa mulher de cabelo castanho liso, lábios finos e rosados que não se sabe se sorriem ou não, um nariz comprido e poderoso, o pescoço que não acaba nunca, e os olhos que nos perseguem por todo canto da casa.

A garota do quadro não é bonita, mas é misteriosa!

— É como a Mona Lisa! — exclamou Sonia a primeira vez.

Largo-me no sofá, com a mala ao lado, e checo todas as contas que chegaram: telefone, luz, propaganda de um novo centro de estética... Retomo a carta de Cristián.

Olá, Val,

Liguei várias vezes, mas seu celular está desligado. Não sei mais como localizá-la, por isso me permiti lhe enviar esta carta. Por favor, responda, nem que seja para me mandar à merda. Eu, porém, estou a fim de vê-la.

Cristián

Ele que sofra! Amasso energicamente a carta com as mãos e decido jogá-la diretamente no lixo. Não quero voltar à Espanha e começar outra vez a sofrer por ele. Instintivamente, e para superar a carta de Cristián, desço as escadas até o apartamento de Felipe. Bato na porta. Ele logo abre.

— Olá! Sou sua vizinha do primeiro, lembra-se de mim? — pergunto com um grande sorriso.

Ainda não sei que meu encontro com Felipe vai ser muito oportuno. Nós nos encontramos quando, ironicamente, meu destino me faz mudar de caminho, como faz ele com seus clientes. Felipe é um sujeito estranho. Baixinho, de pernas curtas que formam levemente um U quando ele anda. Tem unhas compridas, como um violonista clássico, cabelo cacheado, grosso, e um cavanhaque que ele deixa crescer para se dar um ar interessante. Sempre se veste de cinza ou de preto, e usa umas eternas alpargatas brancas. É um sujeito aparentemente muito apagado, de rosto pálido, meio tímido, e incapaz de dizer uma frase sem utilizar a expressão "Claro, claro" e tropeçar pelo menos uma vez em alguma palavra. Seus olhos são pequenos e muito escuros, e ele parece uma pequena raposa. Resumindo, é horroroso.

— Claro, claro! Deixaram um pacote para você, eu assinei o recibo. Espere, vou buscar. Entre, entre! Não fique aí na porta — diz ele, intimidado.

Vai até uma mesa, de cuja gaveta tira o tal pacote.

— Não sei como lhe agradecer. Se você não estivesse aqui para receber, com certeza o teriam mandado de volta ao remetente, e eu teria tido que esperar um bom tempo para recebê-lo de novo.

Agradeço enquanto leio o pacote.

— Os vizinhos têm que se ajudar. Além do mais, eu já a conhecia. Nós nos cruzamos algumas vezes. Você é francesa, não é?

— Sim, sou francesa. Mas já estou há muitos anos aqui — respondo, contente ao ver que chegou meu aparelho de ginástica passiva que comprei pela tevê uma noite que não conseguia dormir.

Depois, pergunto:

— E você? É catalão de pura cepa, imagino.

— Sim. Claro, claro. Nota-se o sotaque, não é? — diz ele, baixando os olhos.

Intrigada, olho também para o chão, mas não encontro nada.

— E o que faz aqui? — pergunta ele, mexendo a sola do pé direito, como se estivesse apagando um cigarro.

— Trabalho em uma agência de publicidade — respondo, olhando direto em seus olhos e esperando alguma reação.

Felipe não se altera.

— Uma agência de publicidade... Claro, claro. Deve ser apaixonante, não?

Ele está com as duas mãos afundadas nos bolsos da calça. Vejo que está constrangido, porque continua com o olhar cravado no chão.

— Sim. Às vezes é. Mas acho que o que você faz é muito mais apaixonante.

Ele levanta a cabeça de repente.

— Há dez dias, quando saí de viagem, encontrei umas pessoas aqui em frente, e uma garota me disse que eram atores e que você vendia porções de vida. É verdade?

Estou decidida a lhe arrancar informação e compreender esse negócio envolvendo porções de vida.

Felipe replica muito seriamente:

— Claro, claro. Curioso, não é? Vendo porções de vida, como você ouviu. É inovador. Crio histórias e vendo um personagem durante um tempo determinado. Como um jogo de representação de papéis. As pessoas sonham muito. Gostariam de ser espiãs, pop stars, modelos ou sequestradas, por exemplo.

— Sequestradas? – digo, surpresa.

— Sim. Eu transformo esses sonhos em realidade. Crio uma situação, os personagens. Tenho atores muito bons, um roteiro, e tudo parece real. Como a própria vida!

— Isso é muito interessante! — exclamo. — E como funciona?

— Posso lhe explicar como funciona, mas você vai precisar de tempo. Por que não passa amanhã à noite e conversamos com mais calma?

— Combinado! Virei às oito, porque antes estou trabalhando. Tudo bem essa hora? — pergunto, excitada, esperando que ele diga sim.

— Claro, claro, tudo bem. Amanhã vamos ensaiar a tarde toda. Se acabarmos antes do previsto, espero você.

Despedimo-nos com um sorriso e subo para meu apartamento. Estou cansada da viagem, mas, ao mesmo tempo, sinto a adrenalina a mil. Felipe atiçou minha curiosidade, e certa euforia embarga todo meu corpo.

Tento descansar um pouco, e no meio da tarde vou para o escritório com vontade de devorar o mundo.

Andrés já está me esperando, sentado em seu trono de rei, ansioso por saber dos detalhes de minhas visitas. Converso um pouco com meus colegas, e, animada para ver meu chefe, pois, apesar de tudo gosto dele, bato em sua porta energicamente.

— Entre, garota!

Cada vez que volto de uma viagem Andrés se levanta e me dá dois beijos. É um costume, e também a única oportunidade em que posso apreciar nele certa ternura, que costuma disfarçar a todo custo. No resto do tempo, ele é o homem mais frio que já conheci. Nessa ocasião não me abraça, mas instintivamente lhe ofereço o rosto, ridícula. Embora Andrés esteja visivelmente contente em me ver, o ambiente está pesado.

— Olá, Andrés — digo, optando por me sentar. — Aqui estou, com alguns contratos, mas a Prinsa ainda tem que pensar.

— Você parece cansada. Fez boa viagem? — pergunta, preocupado, enquanto folheia os relatórios que acabo de lhe entregar.

— Mais ou menos. Muitas horas num avião e mais o fuso horário acabam com qualquer um. Mas não se preocupe, estou muito bem. O que achou do trabalho?

— Está bom, garota. Insistiremos com a Prinsa daqui.

— E quando será a próxima viagem?

Assim que formulo a pergunta, percebo que acabo de pôr o dedo na ferida.

Andrés deixa de lado os papéis que tem nas mãos, pega seu caderno de desenhos neuróticos e começa a traçar cubos, cujos lados vai pintando com o lápis. Ele tira os óculos, e não sei por que, esse gesto tão familiar me faz intuir que vai me comunicar algo ruim. Seus olhos estão cansados, e têm umas bolsas embaixo.

Todo mundo no escritório já sabe, mas ninguém me disse nada. De repente, sinto-me como a esposa traída, que é sempre a última a saber. Maquinalmente, toco a cabeça para alisar o cabelo, mas, na realidade, estou checando se meus chifres invisíveis já têm ponta. De repente minha cabeça começa a doer e a euforia da manhã vai se diluindo perigosamente em uma espécie de náusea, que invade meu estômago e minha garganta. Fico atenta aos lábios trêmulos de Andrés, impaciente, mas nada sai de sua boca.

— Ande, diga logo! — peço quase gritando.

Andrés tem que respirar fundo para poder pronunciar o que já temo. Estamos frente a frente, eu sem fôlego e ele visivelmente constrangido pelo que tem que dizer.

— Sinto muito mesmo, garota, mas você está despedida.

Eu sabia que a empresa estava passando por uma reestruturação, mas nunca me passou pela cabeça que iam me despedir assim, sem mais nem menos. Não peço explicações a Andrés porque estou cansada demais para discutir. Marcamos para assinar a rescisão outro dia, ele me dá dois beijos de despedida e saio hipnotizada de sua sala. Vou diretamente pegar minhas coisas pessoais, ajudada por Marta, que não para de sussurrar como é injusta essa situação e que tenho que processar a empresa porque se trata de uma demissão improcedente. Todo mundo sabe que mais cabeças vão rolar, mas a minha foi a primeira, e isso me dói mais que outra coisa. Volto para casa como se estivesse chapada, sem plena consciência ainda do que acaba de acontecer. Preciso escrever, porque ainda estou sob o efeito das palavras tóxicas de Andrés. Pego meu diário para tentar descrever a situação e entendê-la. Mas não consigo. Sinto uma necessidade louca de estar com Cristián para encontrar a inspiração que está me faltando.

Lembro que depois de fazer amor com ele pela primeira vez, senti a necessidade de pôr no papel todos os barulhos que nossa roupa fizera ao cair, explicar o trajeto de sua língua percorrendo todo meu corpo, suas mãos brincando com meus seios, a ternura de suas carícias em meu ventre, o cheiro de seu hálito que soprava em meu rosto, como um ventinho familiar que chega sempre que o corpo tem febre de luxúria, a alegria compartilhada durante nossos orgasmos, nosso descanso, entrelaçados, as batidinhas cúmplices dos seus dedos nos meus quando tentávamos conciliar o sono, e seu jeito de me agarrar para não me deixar escapar para a outra ponta da cama. Naquele momento, tentei recordar tudo que passou por minha cabeça quando ele entrou em mim a primeira vez. Mas não me lembro mais. Imagens confusas dançam em minha mente. Estou cansada, e minha vida acaba de dar uma guinada de 180 graus.

Porções de vida

25 de abril de 1997

Passei a manhã fumando um cigarro atrás do outro — o apartamento inteiro cheira a nicotina, e meu cabelo também, mas não estou com vontade de tomar banho —, lendo uns papéis e fazendo hora até meu encontro com Felipe. Eu podia tê-lo antecipado, mas não quero ter que lhe dar explicações. Quem tem que falar hoje é ele. Quero saber tudo sobre as porções de vida, e se eu contar que acabo de perder o emprego, talvez ele não me conte nada.

Uma hora antes do encontro, vou para o chuveiro e deixo a água cair em meu rosto, como costumo fazer nos dias chuvosos, pulando nas poças. Adeus poças a caminho do escritório; adeus Marta; adeus Andrés. Sentirei saudades.

Tenho que me recompor. Primeiro, vou ver Felipe. Depois, vou ligar para Sonia e marcar uma balada louca este fim de semana, só de mulheres. Por fim, vou tentar localizar Cristián e passar a noite com ele.

Quando me dirijo ao A, parece que me sinto um pouco mais animada. Felipe está visivelmente contente por me ver. Manda-me entrar e me deixa em pé no meio da sala.

— Acho que é melhor você ver primeiro o local, e depois eu explico tudo. Venha, siga-me.

São três níveis, ligados por umas escadas em forma de caracol. No térreo, onde estamos, há uma mesa de computador, um fax e um monte de prateleiras cheias de pastas. Subimos ao primeiro andar, que é uma espécie de sala para receber os clientes. É muito bonita, toda de vime, e nas paredes há vários quadros exóticos e fotografias de gente sentada em uma cadeira, amarrada com cordas, cemitérios habitados por zumbis. Vejo um cartaz que anuncia um filme com Michael Douglas: *Vidas em Jogo*.

— Adoro Michael Douglas! — exclamo.

— Gostou do filme? — pergunta Felipe, sorrindo.

— Não vi — confesso, contrariada.

— Então tem que ver. Oito anos antes de estrear, eu já havia criado o Porções de Vida. Agora, as pessoas acham que eu me inspirei no filme para montar minha empresa, mas não é verdade, é o contrário — declara Felipe, meio contrariado. — O que se vê no filme é o que eu faço. *Vidas em Jogo* é a história de um multimilionário entediado que tem tudo na vida. Seu irmão não sabe o que lhe dar de aniversário. Então, decide contratar uma empresa para um jogo de representação de papéis, cujo protagonista é o personagem de Michael Douglas. Ele, obviamente, não sabe. Mas o jogo acaba ficando perigoso. Eu faço exatamente isso, mas sem que a integridade de meus clientes corra riscos, entende?

Assinto. Realmente, essa história está me excitando. Descemos para o porão, onde descubro um lugar bem lúgubre, enorme, sem janelas, como uma espécie de *bunker* que encerra histórias inconfessáveis. Ali há só uma mesa de reunião gigantesca, vinte cadeiras em volta e um manequim de plástico com roupa militar e uma máscara antigás. O lugar dá calafrios, as pedras das paredes são visíveis e o cimento também. Parece um buraco no subsolo, e tudo ameaçando ruir sobre nós de uma hora para outra.

— Aqui é onde reúno meus atores para repassar cada cena. Por isso é tão grande. Precisamos de espaço — espaço, diz o eco de sua voz.

— Claro, claro — respondo, percebendo que peguei sua mania.

Felipe não nota e prossegue com as explicações.

— Invento histórias de todo tipo. De espionagem, de terror, de amor... com vários níveis de periculosidade, suspense e medo. As pessoas escolhem a história que desejam e passam a ser protagonistas durante algumas horas: 24, 48, depende. Todos os meus atores usam uma plaquinha com o nome da empresa, caso a situação se torne insuportável, e para que o cliente possa voltar à realidade, de alguma maneira. Só de ver a plaquinha já se tranquilizam, porque sabem que não passa de um jogo. Caso queiram interrompê-lo, podem usar a qualquer momento um código que lhes fornecemos. Antes de começar, a pessoa tem que passar por um psicólogo para saber em que estado mental se encontra, e também recomendo fazer um checkup médico. Os cardíacos estão excluídos. Não quero correr nenhum risco. Somos uma empresa de entretenimento séria. Como vê, eu pensei em tudo.

— Entendo — digo, intrigada. — Fale um pouco mais sobre os clientes que contratam esse tipo de serviço, os preços, as histórias...

— Claro, claro! Os clientes são pessoas de alto nível socioeconômico. Os preços dependem da complexidade e do tempo de duração da história, mas é um serviço bem caro. Eu faço entretenimento vanguardista. Quanto às histórias, existem de todo tipo, e alguns clientes me pedem para inventar histórias personalizadas.

— Ah, é?

— Claro, claro. Veja, meu último cliente era um advogado que queria ser sequestrado por 48 horas por duas mulheres. Fiz essa história especialmente para ele, que adorou.

— Nossa, as pessoas são malucas. Com tantos sequestrados que há no mundo, vem esse sujeito e pede um sequestro... Não acredito! — digo meio indignada.

— O que eu não disse é que ele queria duas lésbicas que fizessem amor na frente dele cada vez que fossem ao cativeiro. Tive que contratar duas prostitutas. Nenhuma das minhas atrizes quis fazer o papel.

Seu sorriso de repente tem algo de diabólico e perverso, que me atrai poderosamente. Felipe não mais parece o sujeito frágil e tímido que conheci na véspera.

— Ora, duas lésbicas — é a única coisa que me ocorre dizer.

Ele me observa, e a seguir, continua com suas explicações como se nada houvesse acontecido.

— Uma vez, organizamos para um grupo de quatro pessoas um fim de semana medieval em um castelo. O conde Drácula aparecia à noite. Quase morreram de medo — diz ele, gargalhando.

— Eu adoraria viver esse tipo de história. Deve ser demais. Mas aposto que é caríssimo — reconheço.

— Gostaria mesmo?

Ele está me olhando fixamente, com um sorriso perverso nos lábios. De novo, parece-me muito atraente.

— Sim, claro. Deve ser muito excitante!

— Não se preocupe! Sua porção de vida chegará, farei de graça para você. Mas, lembre bem o que vou lhe dizer: quando o cliente dá a autorização, nunca sabe quando vai começar a viver sua história. Aceita mesmo assim?

— Sim — digo, sem levar muito a sério.

Que diabos estou fazendo? Não conheço esse sujeito e já estou dizendo sim sem saber sequer de que se trata. Mas suponho que deve ser a historinha típica que inventa para impressionar as pessoas.

— Então, lembre-se: quando menos esperar... — repete, acompanhando-me até a porta.

— Certo! Boa noite, Felipe — digo rapidamente e vou correndo para casa. Essa conversa me excitou, e estou surpresa por um sujeito aparentemente insignificante ter se tornado atraente aos meus olhos.

Sinto fogo no corpo, preciso apagá-lo. Ligo para Cristián, mas ele não atende, e deixo uma mensagem explicando minha ausência de dez dias. Vinte minutos depois ele me retorna a ligação e marcamos de nos encontrar em sua casa.

Sem mais contemplações, Cristián e eu vamos direto para a cama, em silêncio. Ele pega minha cabeça com as duas mãos e lambe minha boca, o nariz, os olhos, o pescoço. A sensação de prazer é como sentir no rosto umas batidinhas de um coração que pulsa forte demais. De vez em quando ele desce e depois sobe, oferecendo-me meu próprio néctar, beijando-me aos pouquinhos.

— Gosta? — pergunta ele muito excitado.

— Sim, gosto. E você?

— Adoro. Tem um sabor levemente doce. Como uma chuva de verão.

Outra vez me rendo de prazer; pego com a mão sua glande molhada e vou subindo e descendo, enquanto ele explora com um dedo minha caverna secreta. Adoro, e ele também. Gozamos os dois ao mesmo tempo, extenuados por causa das posições rocambolescas, como se disso dependesse a intensidade de nosso desejo.

Passadas algumas horas — não sei se foi real ou um sonho —, sinto as nádegas de Cristián em meu rosto, e, enquanto permaneço imóvel, vejo um buraco se abrir, enquanto uma voz lasciva sussurra:

— Penetre-me você agora.

Minha surpresa é tanta que fico paralisada. Cristián se volta e acrescenta:

— Os hormônios masculinos, às vezes nos enlouquecem.

As lembranças das sensações do encontro com Felipe estão aprontando comigo.

6 de junho de 1997

Bigudí está andando por todo lado, reconhecendo seu novo lar. Mami morreu. À idade avançada que tinha, um infarto a levou; não houve jeito de salvá-la. Sinto que perdi uma parte de mim, bem quando estava se estabelecendo algo muito bonito entre nós. E ela partiu sem receber meu cartão-postal do Peru. Sinto que a vida está sendo muito injusta, e não consigo parar de pensar se fiz algo de errado para merecer isso. A morte é horrível não para quem vai, e sim para quem fica.

10 de julho de 1997

— São todos uns inúteis em sua agência! — grita Hassan ao telefone como se houvesse interferência e estivesse na China. — Uma moça, com certeza estagiária, disse que não trabalha nenhuma Val ali.

Esqueci o caráter autoritário de Hassan. Ele gosta de obter as coisas na hora, como uma criança mimada. Por isso continuamos em contato. Porque, no fundo, eu lhe dou tudo que ele quer de uma mulher, principalmente sexo, juventude e poucas perguntas. Quando o conheci, logo senti muito respeito, ternura e desejo de experimentar um homem muito mais velho que eu. Ele estava sentado no sofá do bar do Hyatt, e eu estava jantando com meu colaborador no restaurante do hotel, incomodada porque tentava evitar os olhares impertinentes do cozinheiro italiano, Luca, que havia cismado comigo. Luca tinha aparência de um marinheiro viciado que acaba de sair da cadeia, e tinha, tatuados nos dois braços, os nomes das mulheres com quem havia saído. Todas as noites, depois do trabalho, ele ia rogar em minha porta que o deixasse entrar, e me mandava poemas em um francês vulgar cheio de erros de ortografia, que com certeza havia aprendido com carcereiros franceses. Eu não gostava nada dele. Aquela noite, Hassan entendeu rapidamente o que estava acontecendo e foi me resgatar, convidando-me para beber um drinque. Naquela época, ele tinha jeito de ministro, usava ternos elegantíssimos Yves Saint-Laurent, e tinha metade do hotel no bolso. Cada vez que os garçons passavam por ele faziam reverências ou o cumprimentavam como se fosse o dono do país.

Eu estava nas nuvens com esse homem ao meu lado, e foi quando entendi o significado daquilo que chamamos de "erotismo do poder". Eu queria experimentar aquilo que deixa muitas mulheres loucas: estar ao lado de um homem rico e poderoso. Porque a verdade é que ele não é particularmente bonito. Mas isso, para mim, não tem nenhuma importância. Gostei de Hassan de cara, porque, entre outras coisas, ele tem a mandíbula desencaixada, tipo Klaus Kinsky, e nessa pequena característica física reside todo seu carisma. Além do mais, sua eloquência, junto com sua aparência física, cativou-me imediatamente.

Fui seduzida por sua serenidade ao falar, misturada com essa veemência que ele às vezes demonstrava quando dava ordens a seus súditos, que só podiam obedecer. Até para subir ao meu quarto não tivemos problemas, em um país onde era proibido acompanhar uma mulher a seu quarto se fosse solteira. De fato, nosso relacionamento começou depois que, certa noite, ele se atreveu a se esconder em meu quarto com um buquê de rosas. Enfim, ele havia superado todos os obstáculos para chegar a mim, e avançava a passos gigantescos, cada vez mais inconscientemente subjugado.

— Hassan, que estranho que não tenham lhe explicado. Fui demitida em abril — explico, mal-humorada pelo tom da voz dele e pela vergonha de estar desempregada.

— Você fez alguma coisa para ser demitida de uma hora para outra? — provoca.

— Não! — exclamo meio irritada e escandalizada. — Simplesmente estavam cortando pessoal, e fui a primeira a sair. O que você acha? Que eu provoquei para ficar em uma situação dessas quando já tinha uma vida mais ou menos organizada e tranquila?

Hassan, que sempre se orgulha de sua condição de muçulmano liberal educado à moda ocidental, não quer admitir, mas o simples fato de eu ser mulher já é um problema em si.

— Tudo bem, fique calma!

A voz de Hassan vai se suavizando, porque ele acaba de perceber que não tem nenhuma razão para ficar assim.

— O que você pretende fazer agora?

Diz essa última frase com carinho, e deduzo que está tramando alguma coisa.

— Procurar emprego. O que acha que tenho que fazer?

— Por que não vem passar uns dias no Marrocos para conversarmos? Preciso de uma francófona como você no jornal. E assim, você aproveita para descansar um pouco dessa louca vida europeia.

A simples ideia de Hassan me ajudar profissionalmente me atrai e me repele ao mesmo tempo, e não aceito ir ao Marrocos, apesar de estar desesperada por ter que ficar em casa de braços cruzados. A inatividade repentina me angustia mais que as razões estritamente financeiras, porque durante os anos que trabalhei com Andrés ganhei dinheiro suficiente e economizei uma soma bem grande, que me permitirá viver tranquilamente, sem preocupações durante muito tempo. Eu sempre fui mais formiguinha que cigarra.

— Pense direitinho, tá?

— Certo, Hassan. E muito obrigada.

— Não me agradeça — diz ele antes de encerrar a conversa.

Desligamos quase ao mesmo tempo.

25 de julho de 1997

São onze da noite e cheguei primeiro ao bar onde marquei com Sonia para tomar um drinque. Quando ela aparece, com quinze minutos de atraso, vejo-a entrar leve, com o cabelo flutuando, e seu pequeno corpo parece nem pisar o chão. Sonia caminha com a fluidez de uma bailarina de balé clássico.

— Estou pensando em pôr um anúncio para arranjar namorado! — comenta ela.

— Você? Um anúncio? Que exagero, Sonia. Não me diga que não consegue arranjar um homem sem passar pelos classificados? Se você tivesse sessenta anos e estivesse solteira, eu entenderia, mas nessa idade!

— Não pretendo que me entenda. Mas juro que estou quase jogando a toalha. Estou deprimida outra vez. Tenho taquicardia e não consigo dormir à noite.

— Ora, não fique assim só porque não tem namorado. Logo vai encontrar um. Mas só se parar de ficar obcecada. Aliás, você não sai! Como quer encontrar sua alma gêmea se nunca sai?

— Eu sei, mas nunca gostei de sair à caça.

— Não estou falando de ir à caça, mas de sair e se divertir, simplesmente.

— Mas com minha aparência, ninguém vai reparar em mim.

— Você não acabou de dizer que não quer sair para caçar? Por favor, Sonia, anime-se! Não quero que você fique assim quando saímos juntas.

— Além do mais, eu não gosto de relacionamentos de uma noite — continua Sonia.

— Quem falou de uma noite só? Você pode repetir com a mesma pessoa várias noites seguidas, se quiser!

— Você não entendeu. Eu não gosto de sexo sem amor.

— Como você é chata com esse negócio de sexo sem amor! Antes de se apaixonar você tem que experimentar. Deixe de preconceitos e não se sinta culpada se gostar de alguém e for para a cama com ele na primeira noite.

Nós duas temos opiniões opostas sobre sexo e amor. De fato, não sei o que é me apaixonar, nem me preocupo com o assunto. Eu me considero uma privilegiada por poder usufruir a meu bel-prazer do meu instinto animal, sem me comprometer. Tento explicar isso a Sonia enquanto ela nega com a cabeça. Diz que não consegue porque foi educada à moda antiga.

— Eu também — respondo, tentando fazê-la compreender que isso não tem nada a ver, enquanto penso nos anúncios no jornal.

Sonia acaba de me dar uma ideia.

— Bem, esqueça. Esse negócio de anúncio é uma estupidez, na verdade — diz ela, acabando seu drinque.

Eu a acompanho até sua casa e consigo deixá-la mais animada. Sonia desaparece na escada como uma sombra, mais leve que um fio de algodão. Já sei o que vou fazer: em setembro, vou pôr um anúncio para arranjar emprego. Se Maomé não vai à montanha, a montanha vai até Maomé.

O policial

28 de julho de 1997

À tarde, Cristián me liga. Quer confessar que tem namorada.

— E daí? Eu não sou ciumenta.

Ele fica tão mudo ao ouvir minha resposta tranquila que até tenho que verificar se não desligou o telefone.

— Sim, estou aqui — diz ele com voz baixíssima. — Não achei que você fosse reagir assim.

— Por que não? O que você preferiria? Que eu começasse a gritar e a chorar e que pedisse que você largasse sua namorada por mim?

— É, algo no estilo. Tudo, menos a reação que você acaba de ter.

Ele está decepcionado. Qualquer pessoa gosta de saber que alguém está apaixonado por ela, mesmo se não for recíproco. Mas minha reação não foi a de uma mulher louca de amor.

— Pois não farei isso. Eu jamais lhe perguntei se você estava livre. É problema seu, não meu.

— É que eu não quero depender sexualmente de alguém, e tenho medo de que nos vejamos cada vez mais. Sou apaixonado por minha namorada e não quero perdê-la.

Não consigo controlar o riso.

— Está apaixonado, mas transa com outra.

— É, eu sei, eu sei! Por isso me sinto mal e prefiro acabar com isso. No fundo, você me assusta.

Ele acaba de me comunicar que decidiu não me ver mais. Compreendo que o que o assusta não sou eu, e sim seus próprios impulsos. Ele não quer enfrentar o que é realmente, e depois de seu pequeno deslize comigo optou por abandonar suas aventuras. Respeito sua decisão, o que não aprovo é o modo como a comunicou. É miserável fazer isso por telefone.

30 de julho de 1997

Não estou nem aí com Cristián, porque estou de olho em um policial que faz guarda em frente à delegacia ao lado de minha casa. Ele já me ofereceu seu melhor sorriso, e cada vez que passo me observa, tão elegante com seu uniforme, o pescoço apertado pelos dois botões de uma camisa justa demais. Acho que ele gosta de mim, que lhe desperto alguma coisa. O policial, que diz se chamar Toni, é mais baixo que eu, de cabelo preto curtíssimo. Está sempre muito ereto diante da porta, e sua caixa torácica sugere, por baixo do uniforme, um corpo forte e fibroso. A única amostra de fraqueza de Toni é uma pinta divertida que ele tem confortavelmente instalada ao lado do lábio superior direito.

Quando lhe dou meu número de telefone, a pintinha do policial se levanta, deslocada pelas linhas que expressam um sorriso sincero.

8 de agosto de 1997

Esta noite vou para a cama com o policial. Passo a noite toda com ele, fazemos amor várias vezes em seu quartinho sem móveis, mas provido com um lindo tapete sobre o qual Toni deixa seus pesos de musculação. De vez em quando, ele fecha os olhos para não ser testemunha de seu próprio pecado, e até tampa as orelhas.

Às cinco da manhã, acordo com a água da torneira no banheiro. Reviro-me na cama, e, ao me ver sozinha, levanto a cabeça e noto uma luz debaixo da porta e a sombra de Toni trancado ali dentro. Não me mexo. Ele sai, tentando não fazer barulho, e quando se deita de novo ao meu lado chega até meu nariz o cheiro do esperma que ele derramou nos lençóis. Esse cheiro insistente que eu provei com a pontinha da língua. Esse mesmo cheiro que queima meu esôfago. Invadida por uma espécie de vergonha repentina que não sei disfarçar, prendo a respiração e afundo nos lençóis, até acordar de manhã na ponta da cama, enrolada como um salsichão.

10 de setembro de 1997

Passei o verão todo com Toni, mas nossa história acabou porque ele foi transferido para Málaga. Ele havia solicitado a transferência alguns meses antes, para ficar perto da família, que é de Andaluzia, e agora saiu. Fico muito feliz por ele. Já arrumei um emprego meio chato de tradutora freelance por meio de um anúncio que coloquei, o que me permite viver sem precisar mexer em minhas economias. É melhor que nada, mas gostaria de encontrar outra coisa. Estou começando a ter vontade de me mexer.

A discussão

20 de setembro de 1997

Hoje, ao sair de casa, encontro Felipe, que chega de moto ao escritório. Faz muito tempo que não nos encontramos, e fico muito contente de vê-lo. Confesso que desapareceu a atração que senti por ele da primeira vez que nos encontramos. A meus olhos, Felipe voltou a ser o rapaz insignificante e tímido de sempre.

— Olá! — diz ele enquanto estaciona a moto. — Há quanto tempo!

— Olá, Felipe! É, andei bastante ocupada. Como vão as coisas?

— Poderiam estar melhores. Estou preparando um dossiê para umas revistas estrangeiras. Assim, faço um pouco de publicidade. Ligaram-me até de uma revista da África do Sul.

— Uau! Você vai ficar muito famoso.

— A única coisa que eu quero é que esta empresa funcione de uma vez por todas.

— Com certeza as coisas vão melhorar, você vai ver.

— Você acha?

Ele parece muito pouco seguro de si.

— Claro que sim. Se precisar de ajuda, não hesite em me pedir. Talvez eu possa ser útil, nunca se sabe.

— Claro, claro! Obrigado, de qualquer maneira — diz ele.

Após nos despedirmos, ele sai com o capacete debaixo do braço. Enquanto estou tentando atravessar a rua, ele me interpela novamente.

— Ouça, Val! Você fala outros idiomas, não é?

— Sim, por quê?

— Fala inglês?

— Sim, bastante bem.

— Preciso de ajuda para redigir o dossiê em inglês, já que não tenho muito conhecimento da língua. Você se incomodaria de dar uma olhada quando tiver tempo?

— Claro que não, conte comigo. Eu passo no seu escritório, tudo bem?

— Tudo. Obrigado de novo.

E atravesso a rua.

25 de setembro de 1997

Passei pelo escritório do Felipe para ver o dossiê para a imprensa. A redação dele em inglês é tão ruim que terá que reescrevê-lo por completo, e digo isso sem contemplações.

— Vai ter que começar de novo. Eu posso redigir, se quiser, com sua ajuda. Você não pode mandar isso. Está cheio de barbarismos e erros de ortografia.

Felipe ficou chateado. Devo destacar que eu não uso meias palavras para dizer as coisas como são.

No fim, fui embora depois de Felipe ficar todo ofendido. O assunto acabou em discussão, e jurei para mim mesma que nunca mais na vida vou ver esse mal-agradecido.

À tarde, Sonia me liga afirmando ter encontrado sua alma gêmea: um músico lindíssimo de 23 anos, que encontrou da forma mais inesperada: no metrô, quando saía do trabalho. O violino caiu em cima dos pés dela e ela o ajudou a levantá-lo. Depois, começaram a conversar sobre música e ele lhe deu uns ingressos para ir vê-lo em um concerto.

— Viu? Eu disse que quando menos esperasse, você encontraria alguém. Não pode procurar desesperadamente. Quando você sai por aí feito louca pedindo aos gritos que se apaixonem por você, os homens saem correndo.

Ela me deu razão. Mas agora estou sem amante e sem amiga, já que Sonia decidiu passar a maior parte do tempo arrulhando com seu pombinho. E eu continuo condenada a diluir minha lucidez nos encontros esporádicos.

Dormindo com meu inimigo

Há amores que matam...

A pior coisa que pode nos acontecer na vida é ter nosso mais feroz e perigoso inimigo dentro de casa sem saber.

Meu tédio por ter uma vida sexual louca, passando de uma cama a outra, para depois passar uma temporada completamente sozinha, estava pesando. Não que eu quisesse encontrar o amor da minha vida e mudar da noite para o dia, mas gostaria sim de encontrar alguém especial, que me fizesse vibrar de verdade e que me correspondesse. Estava começando a achar que Sonia estava certa e que minha hora havia chegado.

Depois da morte de Mami, fui à França para o enterro e para pegar o que ela havia me deixado antes de partir: um calendário que ficava pendurado no banheiro desde que o havia comprado, nos anos 1950, e Bigudí, o gato, que ninguém queria herdar porque é bastante antissocial e não suporta nem humanos, nem animais. Bigudí me adotou, de alguma forma, pois eu sou a única que pode se aproximar sem que ele comece a fazer barulhinhos mais próprios de um cachorro que de um felino.

Um dia fatídico, eu me apaixonei.

Vou recordar esse momento pelo resto da vida. Jaime tinha o corpo do ator e diretor Imanol Arias. Era um homem magro, mas alto, de pômulos descarnados e um nariz poderoso com uma verruguinha na ponta. Longe de incomodá-lo, essa característica física lhe servia de pretexto para centrar a conversa nele, com se fizesse uma reflexão a respeito.

No momento de nosso encontro reparei primeiro em suas mãos, de dedos longos e finos que podiam perfeitamente pertencer a um grande virtuose do piano. Tinha um ar cansado, um olhar sibilino e uma facilidade de palavra que fazia que tanto os homens quanto as mulheres caíssem extasiados a seus pés, apaixonados. De fato, ele sempre se vangloriava de conseguir todas as mulheres que quisesse, e eu, vendo que no fundo éramos iguais, me apaixonei. Pensei no início que Jaime era um personagem criado sob medida para mim por Felipe. No fim, essa impressão desapareceu, porque por mais discussões que Felipe e eu houvéssemos tido, ninguém podia ser tão cruel, mesmo por vingança, a ponto de inventar uma pessoa tão vil e maquiavélica.

Jaime era, no fundo, um perdedor ressentido, um dejeto humano. Nunca havia realizado seu sonho de ser um empresário de prestígio, e em suas várias tentativas, inventou outra pessoa. De fato, eu nunca entendi por que ele não chegou a ser um grande homem de negócios, pois, a verdade seja dita, era absolutamente brilhante e tinha todas as cartas a seu favor: economista de formação e um longo e brilhante currículo. Parece que as forças do mal, em seu caso, fizeram mais que a bondade que cada ser humano tem dentro de si. E Jaime canalizou sua potencialidade para a destruição, acabando com tudo que o cercasse, particularmente pessoas bem-sucedidas. Ele não podia suportar que alguém conseguisse as coisas e ele não.

Na primeira vez que fui para a cama com Jaime descobri que ele tinha na lateral do tornozelo direito uma grande mancha de pele morta, que ele raspava para evitar que se acumulasse e o fizesse mancar, tipo psoríase. A mancha tinha uma cor arroxeada, que me assustou da primeira vez. Esse seu problema, mais que diminuir seus encantos, como a verruga no nariz, contribuía para dar mais mistério a esse personagem que acabou mostrando ser um monstro. Ele sabia transformar os defeitos, que podiam ser repulsivos para muitos, em vantagens a seu favor.

Foi amor à primeira vista, sem sombra de dúvida. Pelo menos da minha parte. Para ele, foi simplesmente um jogo, e ele estava decidido a brincar comigo até as últimas consequências.

A entrevista

Depois de redigir um anúncio para arrumar emprego, recebi várias ofertas, mas nenhuma me atraiu o suficiente para contatar as empresas e agendar uma entrevista. Até que um dia recebi uma carta de um tal de Jaime Rijas, consultor empresarial, que estava procurando uma assistente de direção. Na carta, ele me informava que eu podia ligar para seu celular para agendar uma entrevista. A primeira vez que tentei falar com ele não tive sorte. O celular estava o tempo todo desligado. No fim, consegui, e a pessoa que me atendeu do outro lado da linha me causou uma impressão excelente. Era muito profissional, e como tal, estava procurando uma pessoa muito profissional também. Decidimos nos encontrar depois do almoço, em sua sala.

6 de maio de 1998

O escritório de Jaime ficava em pleno coração de Barcelona, no bairro Eixample, em um edifício de fachada rosa-pálido com grandes sacadas. Chego à hora marcada e um senhor de uns cinquenta anos, de olhar vivo e cachimbo na boca, abre a porta. Parece que as secretárias não voltaram do almoço, e esse senhor, que parece mais executivo que administrador, tem que me atender. Trocamos apenas algumas palavras e Jaime aparece, mancando levemente, no fundo do corredor onde se encontra sua sala. O homem do cachimbo logo desaparece, e Jaime me cumprimenta dando-me um forte aperto de mão.

— Machucou a perna? — pergunto, com a mera intenção de ser gentil.

— Não, não é nada. Dei um mau jeito jogando paddle no fim de semana — responde ele com um tom muito esnobe e sem dar importância ao assunto.

Ele me convida imediatamente a entrar em sua sala. Não é muito grande, dá para o outro lado do edifício, para um pátio interno, e é bastante escura. Ele acende uma luminária halógena; acho estranho ver tão poucas coisas na sala de uma pessoa que teoricamente é o diretor geral da empresa. Uma vez mais, Jaime, vendo que estou observando muito o entorno, volta a menosprezar o assunto e me dá a seguinte explicação:

— Não repare na sala. Acabamos de vir para cá, e a mudança não acabou ainda. Ainda faltam chegar as coisas.

A sala, de quatro metros de largura, tem só uma mesa President, muito comprida e arranhada, e uma poltrona preta com rodas. Dois ou três livros sobre normas ISO jazem em cima da mesa, e pouca coisa mais. Começa a entrevista de emprego.

— Meu nome é Jaime Rijas, sócio desta empresa e diretor-geral. A pessoa que a recebeu é meu sócio, Joaquín Blanco. Estamos procurando uma pessoa de confiança que possa organizar todo o trabalho do escritório, e também que seja capaz de estabelecer uma excelente relação com nossos clientes. Enfim, que seja uma espécie de relações públicas. Você trouxe seu currículo?

Jaime fala com a seriedade e solenidade de um professor universitário. Suponho que desempenha bem seu papel para impor respeito. Não parece ser uma pessoa de trato fácil.

Entrego-lhe meu currículo, e ele começa a lê-lo em silêncio. Quando levanta a cabeça, é para me intimidar ainda mais.

— Espero que as referências que cita sejam verdadeiras, porque tenho o costume de ligar e fazer minhas averiguações. Tem algum inconveniente de que eu ligue para suas antigas empresas para saber como foi seu trabalho com eles?

— Não, senhor, pelo contrário — respondo com a certeza de que ninguém pode me censurar por nada.

— Por que saiu de seu último emprego?

— Porque fui demitida. Não sei se está certo eu dizer isso; na realidade, estavam cortando pessoal, e então, senhor...

— Rijas.

— Como?

— Jaime Rijas — e começa a revirar uma gaveta até achar um cartão de visita e entregá-lo a mim. — Bem, de qualquer maneira, vou falar com eles.

— Pode procurar Andrés Martínez. Era meu chefe.

— Muito bem — e anota o nome de Andrés em meu currículo. — Obviamente — acrescenta —, devo confessar que você não é a única candidata para a vaga. Já falei com algumas pessoas, e ainda faltam três além de você. Como poderá entender, não quero me enganar e pretendo fazer a escolha adequada.

— Sim, entendo, mas acho que foi um erro eu ter vindo à entrevista. Para dizer a verdade, não sei se o cargo que me oferece é conveniente a mim. Sempre trabalhei com publicidade. Terei que pensar. Qual é o salário para o cargo?

— Cerca de 1.500 euros, bruto.

— Bem, na verdade, senhor Rijas, esse salário não é o melhor que já me ofereceram.

— É o que estamos dispostos a pagar por alguns meses de teste, e que reavaliaremos ao assinar o contrato definitivo. Evidentemente, não inclui a pequena comissão que poderíamos lhe oferecer se seu trabalho com os clientes influenciasse na assinatura de um contrato.

— Compreendo. Bem, eu agradeço por ter me recebido e me dado a oportunidade de concorrer a esta vaga.

— Posso lhe fazer outra pergunta, senhorita?

Ele acaba de se endireitar na poltrona com um ar muito mais sério que no início da entrevista.

— Sim, claro.

— É casada?

Não me surpreende muito que me pergunte isso. Muitos costumam fazê-lo.

— Não, senhor. Não sou casada nem tenho filhos.

— Tem namorado?

Ele fica me olhando fixamente, o que me incomoda bastante.

— Acho que essa pergunta é irrelevante, senhor Rijas — exclamo, meio ofendida.

Minha resposta não parece incomodá-lo. Ao contrário, imediatamente ele adota uma atitude compreensiva.

— Eu sei que a pergunta pode parecer estranha, mas preciso de uma pessoa que não tenha nenhum compromisso familiar. É muito provável que quem obtenha o cargo tenha que viajar com frequência. De modo que eu preferiria uma mulher que não tivesse compromissos amorosos.

Seu esclarecimento não me convence, mas respondo do mesmo jeito.

— Entendo. Em meu caso, não há nenhum compromisso familiar nem amoroso.

— Muito bem. Era a única coisa que eu queria saber.

A conversa começa a se descontrair um pouco, e ficamos falando da minha vida na Espanha, por que deixei meu país e as possibilidades de promoção que eu poderia ter dentro da empresa. O final do encontro é muito cordial e nos despedimos formalmente, com sua promessa de que me ligará dentro de uma semana para me informar a decisão que tomou, depois de acabar com todas as entrevistas que lhe restam fazer.

Não estou muito convencida de que esse trabalho seja para mim, mas, no fundo, não perco nada. Jaime teve um efeito contraditório sobre mim. Passou-me uma impressão muito profissional e séria, mas suas indagações descaradas sobre minha vida pessoal me incomodaram. Essa mesma mistura de solenidade e atrevimento me seduziu. Jaime é, antes de tudo, um grande psicólogo de mulheres.

14 de maio de 1998

Pensei muito e decidi não aceitar a oferta do sr. Rijas caso ele me chame. O cargo que me ofereceu não é bem o que estou procurando, de modo que vou continuar tentando encontrar um emprego. De qualquer maneira, dou por certo que existem poucas possibilidades de que ele me ligue.

Enganei-me. Hoje de manhã sua secretária me ligou para informar que me selecionaram e que devo me apresentar novamente à tarde, para falar de novo com Jaime.

Sem muito entusiasmo vou ao escritório, mais por profissionalismo, e para não queimar meu filme, do que por vontade de começar a trabalhar com eles.

Encontro Jaime Rijas mais descontraído e gentil que da primeira vez, e me surpreende a convicção de que vou aceitar a oferta.

— É um trabalho de muito prestígio. Selecionei você e outra garota que acaba de se formar em administração. Caso seja a escolhida, você vai aprender os meandros das empresas e entender os truques da viabilidade ou do fracasso de algumas delas. Nós vendemos consultoria para estabelecer normas de qualidade ISO, entre outras. É apaixonante!

— Não duvido, senhor Rijas. Não digo que não seja interessante, só que não me parece de acordo com o que estou procurando. Não conheço normas de qualidade, para ser sincera. Acho que uma pessoa com um diploma de administração no bolso está mais preparada que eu para desempenhar uma função em uma consultoria empresarial.

Estou jogando pedras em mim mesma. No entanto, Jaime insiste em tentar me convencer de que é o cargo da minha vida.

— Cá entre nós, sejamos sinceros, diplomas não valem grande coisa. Eu valorizo principalmente as pessoas e seu potencial.

— Sim, nisso estou de acordo.

— Estamos começando a nos entender — diz ele com um sorriso. — Bom, talvez se eu lhe oferecesse um salário mais elevado...

— Não sei, senhor. Não se trata apenas de dinheiro.

— Pense mais uma vez. Pense também em sua projeção profissional.

— Farei isso, sr. Rijas.

Despedimo-nos, e ele promete me ligar dali a dois dias.

A armadilha

16 de maio de 1998

Apesar do pouco interesse no cargo, o sr. Rijas exerce sobre mim uma atração dificilmente compreensível. Gostei de seu corpo, mas especialmente de sua maneira de ser, dessa autoconfiança que parece torná-lo indestrutível, e seu pouco medo diante das adversidades. Acho que, no fundo, ele não aceita um não categórico e o toma como algo muito pessoal, e se sente satisfeito por poder transformá-lo em um sim convicto. Isso é o que dá tempero à vida. Eu sou um não do início ao fim, e ele está empenhado em me fazer mudar de ideia a todo custo, utilizando os meios que sejam necessários.

Hoje ele me liga pessoalmente, como prometeu. Mas a conversa toma outro rumo que não tem nada a ver com o assunto profissional.

— Meu sócio e eu já decidimos, mas tenho um problema e preciso discuti-lo com você.

— Que tipo de problema? — pergunto, intrigada, e duvidando seriamente que eu possa ajudar.

Jaime adota o tom de quem faz uma confidência, sem me dar nenhuma explicação satisfatória.

— Acho que você é uma pessoa com quem se pode falar abertamente. Mas, para isso, preciso vê-la. Tem algum inconveniente nos encontrarmos para conversar?

É tudo muito estranho, mas aceito. No fundo, estou a fim de vê-lo novamente. Ainda não entendo por que estou caindo tão rápido nessa teia de aranha, que, vista de fora, seria mortal para qualquer um. Eu sempre tive um temperamento bastante indômito, e os desafios me atraem.

— Então, pego você amanhã às sete, o que acha?

— Não seria melhor conversarmos em seu escritório? — pergunto, pressentindo que há algo muito pessoal em sua proposta.

— Prefiro que não seja aqui. Preciso de um lugar mais neutro para lhe expor o que está acontecendo. Aqui não tenho sossego, os consultores entram e saem, sou constantemente solicitado. É normal. Prefiro um lugar mais tranquilo. Vamos tomar um drinque, sem segundas intenções, obviamente.

— Está bem, então.

E não posso evitar estranhar seu esclarecimento sobre as segundas intenções. Ele tem meu endereço no currículo, e marcamos em frente ao meu prédio às sete da noite do dia seguinte.

17 de maio de 1998

Entro em seu carro e começamos a rodar pelo centro de Barcelona, procurando um lugar para estacionar. Falei pouco até agora, escutando seu resumo do dia e o que pretendem faturar este mês. A empresa vai maravilhosamente bem, segundo ele; está entusiasmado, e eu me pergunto que tipo de problemas pode ter esse homem a quem tudo parece sorrir. Ele propõe irmos ao Maremágnum, onde poderíamos estacionar sem problemas e sem a ameaça do carro ser guinchado. Aceito.

Subimos até o último andar do shopping, que é descoberto, e onde há uma quantidade incrível de bares que disputam uma clientela mais que suficiente para encher um estádio de futebol. Depois de conseguir passar, conseguimos uma mesa em uma varanda, ao lado de um minigolfe. Pedimos dois Gim Tônica.

— O que é tão importante para me trazer a este lugar, sr. Rijas?

Vejo que Jaime está um pouco surpreso com minha insolência, mas quer logo dissipar a pouca confiança que lhe demonstro e se apressa a responder.

— Bom, primeiro, pode me chamar de Jaime. Prefiro que não sejamos formais, se você não vir nenhum inconveniente nisso.

Concordo com um gesto de cabeça. Suponho que é o passo prévio e necessário antes de uma confidência. Nunca gostei de tratamento formal. Além do mais, ele me pediu com tanta educação!

— Muito bem. Veja, sou economista, tenho 49 anos e a vida toda fui empresário, com ideias claras sobre o que devia fazer e o que não devia. Em todos esses anos, nunca me aconteceu nada igual, e achei importante falar disso com uma pessoa que não tivesse preconceitos, e acho que você é a pessoa adequada.

— Eu? — exclamo enquanto mexo meu drinque.

A noite está, curiosamente, muito fresca, e Jaime começa a falar esfregando as mãos para se aquecer. Faz isso com tanta intensidade que parece que está dando um discurso perante milhares de pessoas.

— Sim, você! — repete, apontando para mim com o dedo indicador.

— E por que eu, se só conversamos para uma entrevista de emprego e não nos conhecemos em absoluto? Como pode pensar que sou a pessoa adequada para escutar um problema alheio?

— Justamente porque não nos conhecemos. Assim, sua opinião será mais objetiva. Algo me diz que sua ajuda pode me ser muito valiosa. Não me peça que lhe explique, porque eu não saberia dizer por quê. Mas tenho certeza de que você pode me ajudar.

— Muito bem. Depende do que se trate. Em que posso ajudar? — torno a perguntar, já quase perdendo a paciência.

Ele está tão tranquilo que não parece preocupado com um problema, e me diz com toda a serenidade do mundo:

— Conheci uma pessoa dentro do âmbito profissional, e, dada minha condição de diretor-geral da empresa, não sei como me comportar com ela. Sempre fui capaz de controlar meus impulsos, especialmente quando há trabalho envolvido. Por ética, mais que qualquer coisa. Sempre agi dessa forma. Mas, agora, esse assunto está fugindo ao meu controle e não sei o que fazer.

— E como posso ajudá-lo?

Não consigo entender o que esse homem quer de mim. Ele não tem pressa; bebe o drinque, e quando deposita o copo na mesa, começa a brincar com o palito que há dentro do copo.

— O que você me aconselharia a fazer?

— Sei lá! Quem é essa pessoa? Faz parte da sua empresa?

— Não, mas tenho um relacionamento indireto com ela. Não a conheço muito. Trabalha para outra empresa. O pior de tudo é que me apaixonei loucamente por ela.

— Ela sabe?

— Acho que ela é uma mulher esperta e que já teria que ter percebido que há algo mais. Mas, até agora, não fez nenhum comentário a respeito. Eu também não lhe disse nada acerca de meus sentimentos. Mas certas atitudes não enganam, sabe? Acho que, no fundo, ela não quer ver a realidade, porque tem medo também.

— Bom, se quer minha opinião, acho que você teria que falar com ela primeiro. Talvez ela nem tenha percebido.

— Não. Acho que ela sabe perfeitamente o que está acontecendo. Mas é uma situação muito delicada. Se você fosse ela, como reagiria?

— Ora, se eu estivesse nessa situação e gostasse da pessoa, não hesitaria nem um segundo. Depende da implicação profissional de vocês. É difícil e complicado, para ser sincera. Nem todo mundo pularia de cabeça como eu.

— Certo. Eu agradeço sua sinceridade.

Ele parece realmente agradecido.

— Por que não fala com ela?

— Eu tentei, mas não encontro as palavras, e sempre que estou prestes a falar, eu me interrompo e falo só de trabalho.

— Do que você tem medo?

— De que ela me diga que não sente o mesmo por mim.

Fico surpresa com essa resposta formulada sem pensar. Nas poucas vezes que o vi, ele sempre deu a impressão de controlar a situação e demonstrou uma grande autoconfiança. Agora, está claro que não é assim.

— Bom, mas se você não falar claramente, vai ficar sempre no mesmo ponto. As coisas não vão evoluir, nem para frente nem para trás.

— Tem razão, por isso queria falar com você. Sabia que sua opinião seria de grande ajuda.

Fico lisonjeada, de certa forma, por ele recorrer a mim. Nós, mulheres, gostamos disso. Mas não entendo ainda de onde ele tirou essa confiança em mim.

— Bem, você se incomoda se comermos alguma coisa? Estou com fome, e já que estamos conversando, por que não fazê-lo ao redor de uma boa mesa? Conheço um restaurante não muito longe daqui onde se come um marisco fresquíssimo.

Seu convite poderia ser o de um amigo, de modo que, uma vez mais, aceito sua proposta. O que Jaime pretende, na realidade, é me fazer baixar a guarda tentando uma relação amistosa, já que toda vez que nos vimos em sua empresa eu fui muito distante. Ele paga os dois drinques e vamos andando até o restaurante, que fica a uns quinhentos metros do Maremágnum, em direção a Villa Olímpica. O proprietário do local, que parece conhecê-lo, cumprimenta-o calorosamente e nos arranja uma mesa com rapidez, apesar de o lugar estar lotado. Ele nos oferece um aperitivo, e Jaime me pede licença para pedir uma mariscada.

— Uma mariscada para dois, para levantar o ânimo, o que acha?

Adoro mariscos, e me parece uma ótima ideia. Temos, aparentemente, os mesmos gostos. Ele pede uma garrafa de champanhe do melhor e brindamos à amizade. Na realidade, ele parece estar me cortejando, tentando me impressionar. Falamos de trivialidades, até que ele começa a me fazer mais perguntas pessoais.

— Realmente a incomodou que eu lhe perguntasse outro dia se você tinha namorado?

— Chocou-me um pouco — sou muito sincera. — Se sou casada ou não, posso entender. Mas se namoro, o que interessa?

— Para mim, era muito importante saber.

— Eu sei. Você me explicou que queria que a pessoa que contratasse estivesse livre. Se esses são seus requisitos, duvido que encontre alguém.

— Não, na verdade, não foi por isso.

Abaixo o garfo antes que chegue a minha boca.

— Como não? E por que foi, então?

— Foi para ver se podia chamá-la para sair hoje — responde ele enquanto continua comendo. — Se você houvesse dito que tinha namorado, eu tentaria outra estratégia.

— Como?

Não posso reagir. Essa revelação me deixa sem conseguir articular palavra alguma.

— É isso. Se você tivesse namorado, eu teria tentado ganhá-la até as últimas consequências.

Bebemos bastante, e atribuo seu comentário ao álcool. Meu nervosismo começa a me trair, e começo a rir de imediato.

— Não teria se incomodado se eu tivesse namorado?

— Ao contrário, teria feito todo o possível para que você o deixasse — diz ele, com a segurança que demonstrou durante nossa primeira entrevista.

— O quê? — prossigo, sem controlar o riso nervoso. — Não acabou de me contar que está apaixonado por uma mulher?

Como não estou entendendo nada, começo a pensar que esse sujeito é completamente louco.

— Sim, é verdade. Estou louco por uma mulher.

— Estou vendo — digo, perdendo um pouco o respeito por ele. — Está apaixonado e sai ciscando por aí.

Ele começa a gargalhar.

— Como você é tola! — exclama com carinho. — Não entende nada!

— Não mesmo. Não entendo. Você é como todos os outros homens. Tem uma mulher por quem está apaixonado e continua olhando as outras. Não entendo.

Não me importa o que ele pense de mim. Depois dessa conversa, decidi nunca mais vê-lo na vida. É um metido de marca maior.

De repente, Jaime fica sério, chama o garçom e pede outra garrafa de champanhe. Não abre a boca até que as duas taças estejam novamente cheias. Levanta a sua e anuncia:

— Um brinde a você, Val, a mulher por quem estou apaixonadíssimo.

Ele olha para minha taça e espera que eu a levante também para acompanhá-lo no brinde. Mas estou paralisada e sem fala. Eu não esperava nada disso, fui pega de surpresa. Ele me incita de novo a pegar a taça e brindar, o que por fim faço, de maneira automática.

— É o que eu queria lhe dizer. Por isso a convidei para jantar. Estou louco por você — murmura ele esticando o pescoço para se aproximar de meu rosto. — Você é a mulher por quem estou apaixonado.

Fico boquiaberta enquanto ele bebe a taça inteira. Eu, porém, não consigo engolir nada.

— Pronto! — diz, aliviado. — Falei. Você tinha razão, devia ter lhe falado. Acabo de tirar um grande peso dos ombros.

Não consigo acreditar no que estou escutando, e fico com a taça cheia na mão, meio tremendo, olhando as borbulhas subindo até a superfície.

Jaime fica triste de repente e comenta:

— Desculpe, não queria que ficasse constrangida. Lamento, de verdade.

Imediatamente ele pede a conta. Eu me sinto estranha, porque não estou acostumada a que alguém, quase um desconhecido, me declare amor desse jeito. Ele paga e saímos em silêncio.

— Eu a acompanho até sua casa. Espero que não se incomode. Quando saio com uma pessoa, sempre gosto de acompanhá-la até sua casa.

Minha cabeça começa a doer. Bebi demais, e não sei o que dizer. Mas decido deixar que me leve. Quando estamos diante de meu edifício, ele me surpreende dando boa-noite e indo embora sem mais nem menos. Não pretendo fazer nada para impedi-lo de ir, porque estou espantada com sua repentina declaração de amor e preciso de um tempo para digerir tudo e me recompor.

20 de junho de 1998

Passou-se quase um mês até que começássemos a sair. Desde aquela declaração, Jaime não tornou a me ligar, exceto uma vez, para me dizer que se eu quisesse, o emprego que me oferecera era meu, sem compromisso amoroso com ele. Recusei, porque depois daquele jantar ficou claro que eu não ia trabalhar em sua empresa, e porque vou procurar outro emprego já que decidi sair com ele. É uma coisa ou outra. Devo admitir que gostei de sua ousadia ao se declarar apaixonado por mim, mas também valorizo muito a discrição que demonstrou até hoje. Ele entendeu perfeitamente que não gosto de me sentir pressionada, e, na verdade, está criando um clima propício para que eu me apaixone por ele. Também viu claramente desde o início que o emprego não me interessava. Deve pensar que sou uma mulher autossuficiente, com ideias claras, e que só posso me apaixonar se o homem não ficar em cima o tempo todo. Ora, eu sou a presa ideal para qualquer caçador ambicioso.

Saímos algumas vezes, e ele tem certeza de que no fim vou cair em seus braços. Quer que eu saiba que ele está bem seguro de si nesse aspecto, e que cedo ou tarde vai acontecer. Começo a gostar dele cada vez mais, mas ainda não fui para a cama com ele, como costumo fazer com os outros. Quero esperar.

Hoje marcamos de nos encontrar para papear. Jaime diz que vai me contar tudo sobre sua vida, porque não quer ter segredos comigo. Ele relata a história de seu casamento com sua ex-mulher, que atualmente tem câncer de mama, e confessa que a amava muito; mas explica também que nunca conseguiu ser fiel, e que ela um dia se cansou e o deixou.

Jaime quer me mostrar suas fraquezas, ser um livro aberto do início ao fim. Isso também faz parte de sua elaborada estratégia. Além do mais, seu jeito de contar as coisas faz que eu não consiga ficar indiferente. Fala com segurança, mas também admitindo que está muito arrependido de sua atitude. Sua personalidade me seduz, dia após dia, assim como seu lado canalha e sua infidelidade com as mulheres, que vão se misturando com uma ternura paternal invisível. Ele me explica que manteve um relacionamento de sete anos com uma ex-modelo, Carolina, com quem viveu uma paixão sem limites, e que a relação também acabou por que ele tinha um caso com outra mulher, que era simplesmente a melhor amiga dela. Na realidade, sei que ele está me transmitindo uma mensagem com cada palavra que utiliza: "Você vai conseguir me domar?". Foi assim que me conquistou. Agora, ele é quem representa um desafio para mim.

Ele fala longamente de seus dois filhos, que vê só nos fins de semana, e seu orgulho de pai me comove. Imagino que é devido a uma de suas facetas que desconheço ainda, e também porque meus hormônios femininos, já perto dos trinta anos, empurram-me à maternidade.

25 de junho de 1998

Pela primeira vez desde que o conheci fui para a cama com Jaime. Ele veio a minha casa, que eu abri como se fosse sua, e fez amor comigo em cima da mesa da cozinha. Não foi nada do outro mundo; ele parecia muito cansado. Entendo que às vezes a pessoa não está cem por cento, por mais vontade que tenha. Devo admitir que estou um pouco decepcionada. Achei que seria mais romântico. Durou cinco minutos, e passei quatro tentando convencê-lo a usar preservativo.

— Você acha que um homem da minha idade usa camisinha? Isso é uma merda!

No fim, aceitou. Mas sei que não viu muita graça.

Nosso ninho de amor

3 de julho de 1998

Jaime está se comportando como um verdadeiro cavalheiro durante os primeiros meses de nossa relação. Tudo está indo às mil maravilhas. No entanto, de vez em quando, vejo e noto coisas estranhas. Talvez seja minha imaginação. Eu, que nunca fucei nas coisas dos outros, passei a controlar sua agenda — não sem sentimento de culpa. Encontrei mensagens codificadas, indícios de que está me escondendo alguma coisa, mas não consigo achar provas de nada. Enfim, opto por não esquentar muito a cabeça, e continuamos saindo. Até que hoje, ao meio-dia, Jaime me pediu para morar com ele.

15 de julho de 1998

Temos que procurar um apartamento para morar. Já estamos de acordo sobre o lugar que queremos: Villa Olímpica de Barcelona. Principalmente porque dali se vê o mar. Nós dois adoramos o mar. Sempre sonhei em morar em uma cobertura imensa, com a praia em frente, e esse sonho está prestes a se tornar realidade com ele. Encontramos, não sem dificuldade, um de 120 metros quadrados em frente à praia, com garagem e vigilância 24 horas por dia. Um luxo. Insisti que devia ter no mínimo três quartos, para podermos receber os filhos dele. Quando lhe dei o motivo de ter tantos quartos,

Jaime concordou totalmente, mas é estranho que isso não tenha saído espontaneamente dele. Acho que, no fundo, ele quer consolidar a relação antes de misturar a família nela.

Hoje de manhã fomos assinar o contrato de aluguel do apartamento, em uma imobiliária exigente, e Jaime apareceu com dinheiro vivo para pagar o seguro fiança e o primeiro aluguel. Eu o acompanhei porque combinamos de fazer o contrato no nome dos dois — parece que ficou claro —, mas, de última hora, Jaime mudou de ideia e me perguntou se havia algum inconveniente em fazê-lo só em meu nome.

— Achei que seria no nome dos dois. Algum problema?

— Não, fique tranquila. Não se preocupe. Eu pago o aluguel, mas, se não se incomodar, prefiro não constar no contrato. Não quero que minha ex-mulher fique sabendo. Senão, vai me pedir mais dinheiro para a pensão das crianças.

Nesse momento, reparei em um detalhe importante. As crianças, como ele diz, são maiores de idade, casadas, trabalham e são totalmente independentes. A pensão dos filhos foi fixada há mais de dez anos, e sua explicação não faz muito sentido.

Mas, diante da expectativa de morar com ele nesse maravilhoso apartamento, e com medo de atrapalhar a realização desse sonho, aceito assinar sozinha o contrato.

Avisamos a imobiliária, e apesar de eu não ter comprovação de renda, tenho dinheiro de sobra para pagar dois anos de aluguel. A imobiliária nos informa que o proprietário não quer alugar sem comprovação de renda. Estou arrasada, porque vejo que não vamos conseguir esse apartamento.

Uma vez mais Jaime cuida de tudo, e à tarde voltamos à imobiliária, ele entrega uns papéis e assino o contrato. Estou surpresa com a facilidade com que as coisas se resolveram. Jaime me diz, quando saímos, que os convenceu com meus extratos bancários, e que não é necessária outra comprovação de renda. Depois, descobri que ele havia entregado meu "último holerite", que ele mesmo confeccionara em seu escritório, sem me dizer nada, assinara-o e pusera o carimbo de sua empresa.

20 de julho de 1998

Estou feliz porque hoje de manhã nos mudamos. A mudança foi rápida, já que eu tenho pouca coisa. Jaime trouxe só a roupa da casa de sua mãe, onde ele fica, e uns quadros que, segundo ele, seu pai lhe deu de presente, de sua coleção particular, e que são valiosíssimos. É pouca coisa para um apartamento tão grande; sem dúvida, precisamos de muitos móveis.

À tarde já estamos visitando todas as lojas de móveis do bairro, e quando decidimos o que queremos, Jaime insiste em pagar tudo, apesar de minha negativa, pois quero dividir os gastos.

25 e 26 de julho de 1998

Jaime comentou que tem um chalé nos arredores de Madri e que nos fins de semana encontra os filhos lá. Adoro a ideia de passar os fins de semana ali, mas ele diz que vai me levar depois que explicar aos filhos que tem um relacionamento sério. Ah, e eu tenho que ter paciência, porque embora seu filho tenha quase a mesma idade que eu, é muito ciumento e não gosta de ver o pai com outras mulheres que não seja a mãe. Eu entendo, e me convenço de que tenho que demonstrar muita compreensão e paciência. Antes de mais nada, quero que me aceitem. Enfim, serei madrasta de um rapaz e uma garota já adultos.

Hoje, sexta-feira, Jaime pega a ponte aérea para ir encontrar seus filhos em Madri. Ele me liga rapidinho para saber como estou, e nossa conversa ao telefone é muito carinhosa. Nosso futuro promete ser maravilhoso e feliz. Curiosamente, com o passar do tempo vamos nos ver menos que quando morávamos separados.

Vejo Sonia só de vez em quando. Ela sabe de meu relacionamento com Jaime, mas acha que me precipitei indo morar com ele.

— Você mal o conhece! Além do mais, ele não passa um fim de semana com você. Não acha estranho?

— Veja só quem fala! — comento, irônica. — Aquela que estava procurando desesperadamente o príncipe encantado está me dizendo agora que eu me precipitei ao encontrar o meu!

— Não estou dizendo isso, Val! Só acho que se precipitou ao largar seu apartamento e ir morar com um homem que quase não conhece. Por acaso ele apresentou você à família?

— Ainda não, Sonia. Ele precisa de um tempo. Acho que é compreensível, não acha? Ele tem dois filhos e uma ex-mulher com câncer. Nesse panorama familiar, imagine se eu apareço assim, da noite para o dia. Seria como achar um cabelo na sopa. Não me parece certo. Pelo menos não por enquanto.

— Tudo bem! Digamos que você tenha razão, que é cedo demais. Mas não acha curioso que ele tenha um chalé de luxo em Madri e que antes de conhecer você morasse com a mãe?

Sonia está começando a me deixar nervosa. No começo, atribuo sua desconfiança à inveja que todas as mulheres sentem quando uma de nós consegue o que a outra sempre sonhou. É humano.

— Ele comprou o chalé quando saía com Carolina, uma namorada que teve e que conheceu em Madri. Eles moraram lá. Naquela época, Jaime tinha também um escritório montado em Madri. Quando vinha a Barcelona, ficava na casa da mãe. Acho normal e lógico. Não há nada estranho ou misterioso em querer ficar na casa da mãe.

— Então, explique por que não vê os filhos em Barcelona, em vez de irem todos a Madri, se eles moram aqui?

A essa pergunta não sei responder. Vejo que Sonia está muito preocupada comigo e com essa nova vida que escolhi. Também está um pouco irritada, porque, desde que encontrei Jaime, nos vemos cada vez menos.

— Tem razão, Sonia. Mas você também estava com seu namorado. De qualquer maneira, prometo que vou ligar com mais frequência a partir de agora. Com a história do apartamento, mais a mudança, não tive cabeça. Por favor, entenda. Ouça, pensei em fazer um jantarzinho em casa na próxima quinta para lhe apresentar Jaime. Está a fim?

— Sim, claro. Eu adoraria.

— E assim, você faz as pazes com ele — digo, rindo.

— Tudo bem.

— Pode trazer seu namorado, se quiser.

De repente, ela faz cara de enterro.

— Terminamos há uma semana.

Acabo de pisar na bola. Agora entendo por que ela suspeita tanto do Jaime. Outro homem acaba de fazê-la sofrer, e ela está brava com todo a raça masculina.

— Ele tinha outra namorada e não me contou. Mas descobri por acaso, e então o deixei.

— Entendo, querida. Sinto muito. Mas, veja, não é porque aconteceu isso com esse imprestável que todos os homens são iguais, Sonia.

— Não se preocupe, vou sair dessa. A propósito, Bigudí sente sua falta, sabia?

Essa notícia me deixa triste de verdade. Quero a todo custo recuperar meu Bigudí, mas tive que deixá-lo na casa da Sonia porque Jaime não suporta gatos. E, por ora, o pobre animal não é bem-vindo em casa.

Um novo emprego

27 de julho de 1998

Quando Jaime volta de seu fim de semana em família, comento sobre o jantar previsto para quinta-feira com Sonia.

— Eu adoraria, querida, mas tenho que passar a semana toda em Málaga com Joaquín, para visitar uns clientes. Saio amanhã cedo, e na sexta-feira vou direto para Madri de carro. Não vejo graça nenhuma nesse programa, mas tento engolir.

— Quer dizer que não vamos nos ver até o próximo domingo?

— Querida, é meu trabalho, entenda! Temos contratos com clientes no sul da Espanha e temos que ir esta semana. Já adiei essa viagem por tempo demais. Depois, vamos ficar juntos.

Ele me pega no colo e marcamos outra data para jantar com Sonia.

Depois de suas confissões sobre suas infidelidades, à noite vou lhe contando meus relacionamentos esporádicos e a facilidade que tive, todos esses anos, de levar todos os homens que quis para a cama. Quero ser transparente com ele, não esconder nada. Jaime me advertiu que, agora que estamos morando juntos, tenho que abandonar todos os rolos que tenho por aí — palavras textuais. Não é difícil aceitar isso, não tenho nenhum faz bastante tempo, mas é difícil convencê-lo. Jaime é imensamente ciumento. Ele me prometeu fidelidade. Eu, com 29 anos e ele com vinte a mais, cruzamo-nos no mesmo ponto, mas com idades diferentes. Estamos fartos da vida que levamos. De fato, eu já não olho para mais ninguém.

Essa transformação me surpreendeu bastante, mas acho que é porque estou apaixonada de verdade pela primeira vez na vida, e todo desejo sexual por outro homem que não seja Jaime desapareceu. Vou ser fiel a ele, do princípio ao fim, inclusive durante meses depois, se por acaso nosso relacionamento acabar.

À noite fazemos amor. Nossas relações melhoraram bastante desde que não usamos mais preservativo, mas Jaime tem um estranho jeito de pensar só em si mesmo. Não espera que eu esteja satisfeita. Às vezes parece um animal. Mas isso não me importa. Não é o que mais valorizo em nossa relação. O sexo, para mim, curiosamente, passou para um segundo plano.

28 de julho de 1998

Jaime foi para Málaga com Joaquín, como haviam planejado. Despedi-me dele com ternura, pedindo que tenha cuidado na estrada. Vou passar vários dias totalmente sozinha, e decidi ocupá-los procurando emprego de novo.

Já recebi várias ofertas (meu anúncio continua aparecendo de vez em quando no jornal), e uma muito interessante, que parece promissora. Trata-se de uma multinacional estrangeira, com base em Barcelona, especializada em roupas, que está procurando uma mulher para cuidar das últimas tendências. Isso implicaria viajar para visitar as feiras mais importantes do setor no mundo todo, farejar o mercado e ver as novidades para cada temporada. Embora não tenha relação com a publicidade, a perspectiva de trabalhar nesse setor é bastante atraente. Além do mais, viajar não me parece um inconveniente, levando em conta que Jaime também viaja com muita frequência.

De modo que fui à entrevista. Foi tudo muito rápido, e me disseram que em uma semana posso começar. Estou muito feliz, porque isso significa que nossa renda vai aumentar. Não sei quanto Jaime ganha, ele não comentou, mas parece levar uma vida ótima. Anda sempre com muito dinheiro na carteira e nunca repara nos preços nem reclama de nada referente a assuntos financeiros, nem para alugar um apartamento em um edifício de tão alto padrão. Ao contrário, ele sempre demonstra que quer o melhor. Ainda assim, quero ajudar com os gastos da casa.

Jaime me ligou só duas vezes, dizendo que está muito ocupado. Eu tentei falar com ele em várias ocasiões, mas, sem sucesso, porque seu celular está sempre desligado. Para não parecer desconfiada, não lhe pedi o número do hotel.

30 de julho de 1998

Quando ele chega em casa está muito cansado e tenso. Tira os sapatos, tranca-se no banheiro e durante pouco mais de uma hora fica ali. Tento escutar algum barulho atrás da porta. Como não ouço nada, pergunto:

— Algum problema, Jaime?

— Deixe-me em paz!

Sua resposta é curta e seca.

— Posso fazer alguma coisa por você, querido? Talvez fosse bom conversar. Não sei. Você está com algum problema?

— Deixe-me em paz! — repete. — Você não faz nem ideia dos problemas que tenho!

Uma hora depois, sai tão cansado como entrou, com os olhos inchadíssimos, e passa a tarde toda e parte da noite fumando um cigarro atrás do outro, sem falar comigo.

Quando vem para a cama, nem me toca. Toda vez que passamos a noites juntos fazemos amor. É a primeira vez que ele diz não ao sexo.

2 de agosto de 1998

Jaime saiu cedo para o escritório. Nem pude lhe dizer que começo a trabalhar hoje mesmo, quando todo mundo sai de férias, de modo que deixo um bilhete na cozinha para o caso de ele chegar antes de mim, no final do dia. E assim é. Quando volto de minha jornada de trabalho, um pouco angustiada pelo dia de ontem e sua reação, ele está na sala assistindo à televisão.

— Você podia ter me dito que ia trabalhar hoje — logo reclama.

— Eu sei, Jaime, mas ontem você estava insuportável. Não quis conversar e se fechou de tal forma que parecia ter um bloqueio.

— Tive um problema e não queria falar sobre o assunto. Que emprego é esse?

Explico-lhe como o arranjei e em que consiste.

— Você vai ter que viajar?

Leio em seu olhar que está contrariado.

— Sim. De vez em quando.

— Sozinha?

— Não, com meu chefe. Ele é americano. Em setembro temos que ir a uma feira na Itália e…

— Americano? Mais um que vai querer transar com você!

Fico sem fala diante desse comentário inesperado. Ele continua com o mesmo humor de ontem.

— O quê?

— É isso mesmo! Ele quer que viagem juntos para levá-la para a cama. Você vai ver como tenho razão. Você é muito nova ainda, não sabe como a vida funciona.

Estou desconcertada. Acho injusto que ele pense isso de uma pessoa que não conhece em absoluto.

— Não importa. Vá para a Itália. Viaje com esse imbecil. Mas, se ele folgar com você, pegue o primeiro avião e volte para cá, certo?

Não tenho outro remédio senão dizer sim, porque, caso contrário, acho que ele vai me bater.

— Sim, claro.

— Promete?

— Claro, Jaime, prometo!

Depois de cinco minutos de silêncio, acho que o assunto está encerrado.

— E você? Tem vontade de transar com ele, não é?

Fico boquiaberta outra vez. Não entendo por que, de repente, ele faz esse tipo de pergunta.

— Não. Não tenho vontade de transar com ele — respondo, repetindo tristemente suas palavras.

E vou chorar no banheiro. Dessa vez ele passou dos limites. De repente, ele assume um ar endemoniado e está procurando desculpas para brigar comigo. Jaime mudou tanto em poucos dias, parece outra pessoa. No banheiro, encontro um pote que não havia visto até hoje, com uns cem gramas de pó branco e um rótulo que descreve os ingredientes de um remédio manipulado. Quando estou pegando o pote, Jaime chega por trás, em silêncio, e põe a mão em meu ombro. Assustada, quase deixo cair o remédio.

— É para a ferida do tornozelo. Tem que ser manipulado. É muito caro, por isso, deixe isso aí!

Deposito o pote em cima da pia e não digo nada.

Todas as manhãs Jaime utiliza uma espécie de bisturi para cortar a pele morta que recobre seu tornozelo. Senão, não conseguiria pôr o sapato e andar normalmente. Já consultou vários especialistas, e, segundo ele, é um fenômeno raríssimo que não tem cura. Os médicos nunca encontraram um caso como esse.

Pratos quebrados

6 de agosto de 1998

Hoje Sonia vem jantar conosco. Jaime ficou a tarde toda trabalhando em casa, em um quarto onde colocamos uma mesa de escritório, e eu estou preparando o jantar na cozinha. Nunca gostei de cozinhar, mas aprendi lendo livros sobre o assunto, já que Jaime gosta de almoçar e jantar bem. Nada de sanduíche ou coisinhas para beliscar, advertiu-me.

Enquanto Sonia está tomando um aperitivo na sala, vou avisar Jaime que nossa convidada chegou. Ele está trancado no quarto, como se ali houvesse um tesouro inestimável de cuja existência ninguém, além dele, pudesse saber.

— Vamos jantar, querido? — pergunto suavemente, com medo de incomodá-lo. — Sonia já está na sala.

Ele responde sem abrir a porta e diz que em dez minutos estará conosco, só o tempo de tomar uma chuveirada rápida e trocar de roupa. Volto à sala com Sonia.

— Sua cara não está boa, Val. O que foi? Você está bem?

Não quero falar com minha amiga das brigas que Jaime e eu andamos tendo ultimamente. Decido lhe dar uma explicação bem diferente.

— É que estou cansada, querida. É meu novo emprego. Tenho muita coisa para fazer, e preciso me acostumar. Não esqueça que até dois meses atrás eu não trabalhava.

Emagreci bastante ultimamente, e ela insiste:

— Você está trabalhando há uma semana só! E já perdeu quatro quilos. Tem certeza de que não há mais nada que não quer me dizer?

— Não, eu garanto, Sonia. Não se preocupe.

Esforço-me para esboçar meu melhor sorriso e tranquilizar minha amiga, que ultimamente anda muito curiosa e está questionando tudo que faço. Quando Jaime chega está radiante, perfumado e lindíssimo. Ele pôs sua melhor roupa, e quando o apresento a Sonia, leio nos olhos dela que está espantada por ver que Jaime é tão atraente. Eu já esperava.

— A famosa Sonia! Finalmente posso conhecê-la — diz Jaime beijando-lhe a mão.

Essa prática antiga e ultrapassada sempre agrada às mulheres que se sentem atraídas por cavalheiros. Sonia está nas nuvens.

— Eu também queria conhecê-lo, Jaime. Para roubar o coração da Val tinha que ser uma pessoa especial.

E Sonia fica observando-o, pensando, com certeza, que ele não aparenta a idade que tem.

Passamos uma noite muito agradável, durante a qual Jaime é absolutamente encantador e divertido com Sonia e comigo. Ele tem um brilho especial nos olhos esta noite, certamente acentuado pelas garrafas de vinho que vai abrindo, alegando que cada prato precisa do acompanhamento certo. Noto que Jaime está bebendo muito, mas parece não lhe fazer mal, e não digo nada, porque ele está de tão bom humor que não quero quebrar o encanto e a magia que reinam na mesa. A conversa se centra essencialmente em Sonia, sua vida e nossa longa amizade. Jaime fala um pouco de si mesmo depois, e da vontade louca que tem de se casar comigo quando sua ex-esposa se curar. Fico surpreso com essa confissão pública, porque até agora ele nunca me falou que tinha essa intenção.

— Se tudo der certo, vamos nos casar no dia 2 de maio de 1999 — explica a Sonia.

No fim do jantar e de uns drinques, que se prolongaram até bem tarde da noite, Sonia quer ir para casa.

— Como você veio? — pergunta Jaime.

— De táxi — responde ela, acabando sua taça de Baileys.

— Não vou deixar que uma mulher bonita como você volte para casa de táxi a uma hora dessas. Eu a levo. Vou pôr um casaco e pronto.

Não vejo nada de mais nisso, só a intenção de Jaime ser gentil com minha amiga. É uma deferência com Sonia, mas também comigo. Gosto de seu gesto. E Sonia parece ter mudado de opinião em relação a Jaime. Ele está fazendo de tudo para que esta noite seja inesquecível. E está conseguindo. Sonia me lança um olhar, e ao ver que sorrio em sinal de aprovação, aceita a oferta de Jaime.

Quando eles saem, recolho os pratos e os deixo na cozinha, pois não tenho nenhuma vontade de lavar louça a essa hora. Já faz mais de uma hora que eles saíram, e decido ir deitar.

Acordo de repente com um barulho terrível vindo da cozinha. Levanto-me com um sobressalto e vou correndo para lá. Parece que alguma coisa caiu. Todas as luzes estão apagadas, e não reparo se Jaime já se deitou. Quando acendo a luz da cozinha, encontro todos os pratos e os copos sujos quebrados sobre o mármore, junto com restos de comida espalhados no chão. Minha primeira reação ao ver esse panorama é levar a mão à boca para não gritar. A visão de tudo isso é impressionante. Na ponta da cozinha, onde fica a pia, que dá para a rua, está Jaime, de costas para mim, fumando um cigarro e olhando pela janela.

Eu me agacho para recolher uns pedaços de pratos quebrados, mas ele me detém com uma frase:

— Se não lavou a louça enquanto eu estava fora, não vai pegar os pedaços agora. Faça isso amanhã. Você ia lavar a louça amanhã, não ia? — diz ironicamente.

Não me atrevo a responder nada porque não entendo ainda o que está acontecendo.

Jaime continua me dando as costas, e começa a gritar feito louco, apagando energicamente o cigarro no chão com a ponta do sapato.

— Se você tivesse lavado a louça hoje, isto nunca teria acontecido, está ouvindo?

A cozinha fede a álcool. Jaime bebeu a ponto de perder a razão, e ao voltar para casa, em um ato de loucura, jogou todos os pratos no chão. Agora está tentando me provocar. Começo a chorar, mas minha atitude, longe de fazê-lo sentir algum tipo de remorso, deixa-o ainda mais furioso.

— E não comece a chorar agora! Depois fica com a cara inchada e uma aparência horrorosa.

Não aguento mais. Não suporto esse estado de loucura e a angústia em que ele está me fazendo mergulhar. Saio da cozinha e vou para o banheiro, onde me tranco para chorar livremente. Com a cabeça em cima da cuba, molhando o rosto com água fria, ouço-o bater a porta e sair. É melhor. Acho que, senão, a coisa podia ter acabado muito mal.

7 *de* agosto *de* 1998

Quando vou trabalhar, de manhã, Jaime ainda não voltou para casa. Passou a noite toda fora e não deu sinal de vida. No escritório, sinto-me muito angustiada e ligo para Sonia.

— Olá, querida! — digo, e caio em prantos antes de escutar sua voz.

— Val, o que você tem?

De início, não consigo articular nem uma palavra, mas por fim consigo, a duras penas, explicar-lhe o que aconteceu.

— É Jaime.

— Você está muito mal. O que aconteceu, querida?

— Sonia, o que vocês fizeram ontem? Jaime voltou completamente bêbado e enlouquecido.

— O quê? Não entendi. Jaime me levou para casa, conversamos cinco minutos na porta e ele foi embora. Isso foi tudo que aconteceu. Ele parecia bem. Ontem nós todos bebemos, mas não a ponto de ficar nesse estado. Jaime deve ter bebido um pouco mais para ficar tão bêbado. Quando nos despedimos ontem, ele estava encantador.

— Sim, eu sei, Sonia. Por isso não entendo nada. Deve ter acontecido mais alguma coisa, porque ele estava uma fera. Quando voltou, não era a mesma pessoa. Fiquei tão assustada! Não sei o que fazer agora. Estou com medo. É a segunda vez que ele fica violento, e...

— Ele bateu em você? — pergunta ela sem esperar o final de minha frase.

— Não. É uma violência verbal contra mim e contra tudo que cruza seu caminho. Ontem, ele quebrou toda a louça.

— Não acredito!

— Sim! E depois, disse que se eu tivesse lavado a louça, isso não teria acontecido. Era como se quisesse me castigar por isso. E depois, saiu. Desde então, não sei mais nada dele.

Conto tudo a Sonia, apesar de meu orgulho, pensando que ela pode me ajudar a entender o que podia ter acontecido com Jaime. Mas como não me dá nenhuma explicação válida, estou ainda mais confusa.

Passo o dia todo com muita dificuldade de concentração e tenho medo de voltar para casa. Saí sem pegar nada, e começo a pensar na conveniência de passar uns dias na casa de Sonia para pensar. Esse relacionamento com Jaime é cada vez mais estranho, e duvido que eu possa ser feliz ao lado de um homem assim. Alguma coisa está acontecendo com ele, mas não sei o quê. E ele se nega a falar comigo.

Volto para casa tarde, e quando abro a porta percebo que Jaime já voltou, porque a fechadura já não tem as duas voltas que eu dei de manhã. Começo a tremer pensando no que me espera.

A porta da cozinha fica à esquerda da entrada, de modo que quando entro, vejo que tudo está recolhido e limpo.

Jaime sai da sala com um buquê de rosas enormes nos braços, e ao vê-lo com cara de arrependido, literalmente pulo em seu pescoço chorando.

— Desculpe! — diz ele.

E me entrega o buquê de rosas. Estou chorando, tanto pelo estupor de ainda não entender nada, quanto pela felicidade de vê-lo com remorso.

— Eu também, Jaime — digo entre soluços. — Imagino que você tem algum problema e não quer me contar.

— Sim, é verdade que tenho problemas. E não queria lhe contar para que você não se preocupasse. Mas vejo que estou lhe machucando. Por isso, vou lhe contar tudo.

Ele me leva pela mão à sala e nos sentamos de frente um para outro, o que me parece um presságio de que algo grave está acontecendo.

— Há certas coisas das quais uma pessoa não se orgulha, por isso não as conta. Eu achei que poderia ajeitar tudo sozinho, mas vejo que está me afetando.

E começa a me explicar sua situação financeira, que representa uma luta diária. Conta que contraiu dívidas por causa de Joaquín, seu sócio, que pediu um empréstimo no banco uns meses atrás, e Jaime foi avalista. Mas Joaquín parou de pagar o banco, e estão cobrando o dinheiro de Jaime. Ele deve ainda uns 30 mil euros, e embora Jaime movimente uma grande quantidade de dinheiro todos os meses, não conseguiu reunir essa quantia, e vão tomar seu chalé em Madri.

— Vão confiscar o que consegui com tanto trabalho e suor. O que paguei durante anos e anos, e isso por culpa do meu sócio!

Não acredito no que ele está me contando. Mas, por outro lado, há tanta sinceridade nele, e tanta dor, que não questiono a veracidade dos fatos.

— E por que você foi avalista de Joaquín? — pergunto timidamente.

— Como não ia fazer isso por ele? Além de sócios, somos amigos, Val, entende? Pelo menos é o que eu achava, até agora. Você não faria o mesmo por Sonia? Jamais pensei que ele ia parar de pagar e me pôr nessa situação.

— Sim, mas por que ele parou de pagar o banco?

— Faz alguns anos que seu casamento vai mal. Ele bebe muito há alguns meses, e gasta cada vez mais dinheiro com mulheres. Às vezes chego ao escritório e o encontro dormindo no tapete de sua sala, sujo, bêbado e sem dinheiro, depois de ter gastado a noite toda em uma boate.

Agora começo a compreender por que Jaime se comportou daquele jeito comigo. Deve se sentir encurralado, e o nervosismo o fez perder as estribeiras.

— Lembra aquele domingo que voltei de mau humor?

Faço um gesto afirmativo com a cabeça enquanto tomo suas mãos nas minhas.

— Foi porque o banco ficou atrás de mim durante o tempo que passei em Málaga. Na sexta-feira tive que ir a Madri e fiquei sabendo da situação real do pedido de execução da dívida.

— E não há jeito de deter esse processo?

— Claro que sim.

— Como?

— Pagando.

Jaime está tão desesperado que começa a chorar como uma criança. Ele, sempre tão orgulhoso, desaba agora como um menino, com a cabeça em minhas mãos, e não sei como consolá-lo.

— E sabe o que é o pior? — acrescenta.

— Não.

— Que estou descontando em você. Estou tão encurralado que descarrego tudo na pessoa que mais amo neste mundo!

Acaricio seu rosto, tentando secar suas lágrimas. Seu comentário me emociona. Jaime prossegue:

— Trabalho feito um louco para viver bem, e para que nunca falte nada a minha família. Meus filhos têm tudo que querem. Estou dando uma mão a minha ex-mulher porque ela está muito doente e tem dificuldades financeiras. E agora, isso!

Não há quem o faça parar de chorar. Estou comovida e me sinto impotente, mas lhe agradeço por ter me contado toda a verdade.

— Tenho uma semana para pagar e impedir a execução. Senão, vão me tirar a casa.

Ficamos grande parte da noite aconchegados no sofá, debaixo de uma mantinha que eu coloquei para nós depois que ele ficou tremendo por causa de uns calafrios horríveis. Jaime parecia extenuado, e eu não parava de pensar no assunto. Não posso permitir que algo assim aconteça com meu companheiro. Se o amo e estou morando com ele, tenho que compartilhar seus problemas. Não concebo a felicidade sabendo que Jaime está sofrendo. Tenho que fazer alguma coisa. Eu tenho o dinheiro que ele necessita. Decido tirar o dinheiro de que ele precisa de minha conta e dá-lo a Jaime para que possa recuperar sua casa de Madri.

A execução

12 de agosto de 1998

Não disse nada a Jaime, mas fui ao banco retirar o dinheiro. Fiquei com medo de carregar uma quantia tão alta, de modo que saquei em três vezes. O diretor do banco, com quem mantenho uma relação muito boa, convocou-me a sua sala para saber se estou insatisfeita com os serviços da entidade. Está surpreso por eu retirar todas as minhas economias. Afirmo que não houve nada e que não tenho nada a reclamar, pelo contrário. E invento uma desculpa dizendo que surgiu um imprevisto que tenho que resolver imperiosamente.

Hoje é quarta-feira, e Jaime está mais nervoso do que de costume. O termômetro para medir seu nervosismo é a quantidade de tempo que passa trancado no banheiro de manhã. Quanto mais nervoso, mais tempo tirando a pele morta do tornozelo e deixando o banheiro um nojo com restos de pele e pós brancos.

Jaime tem que ir no dia seguinte para Madri, para tentar negociar uma última vez com o banco. Foi o que me disse. Pensei em não lhe dizer nada sobre minha decisão de ajudá-lo até o último minuto.

Quando chego em casa, encontro-o arrumando a mala para viajar no dia seguinte e passar o fim de semana com os filhos. Com tristeza nos olhos, ele diz:

— Talvez seja o último fim de semana que eu passe lá com eles.

Fica em silêncio um tempo, e acrescenta:

— Como vou lhes explicar que a casa já não é mais deles?

— Você não vai ter que explicar nada — declaro, alegre. — Tome, isto é para você.

E lhe entrego um envelope, que ele recebe com muita cautela, surpreso. Quando o abre, não pode acreditar no que está vendo.

— De onde você tirou isso? — pergunta desconfiado.

— De minha conta. É o que você necessita.

— Você está louca? Como acha que vou aceitar este dinheiro? Com certeza você fez um empréstimo do banco!

— Não, não se preocupe, não fiz nenhum empréstimo. Esse dinheiro é meu.

Ele deixa o envelope em cima da cama.

— Não, não posso aceitar. Lamento!

— Por favor, Jaime! Não seja bobo! Esse dinheiro é meu, e sou sua companheira, portanto, é de nós dois. Para isso serve! Aceite, por favor! Pague o banco e recupere a casa.

A expressão de alegria de Jaime, nesse momento, nenhum dinheiro do mundo pode pagar. Ele fica muito contente, e me abraça com tanta força que quase me sufoca.

— Você não sabe o que isso significa para mim, meu amor. Você acaba de me devolver a vida. Obrigado! Mil vezes obrigado! Não sei como lhe agradecer, não sei como, de verdade.

— Leve-me o quanto antes a essa maravilhosa casa de Madri.

Quando pronuncio essas palavras, seu olhar se perde um instante no vazio. A seguir, ele torna a me olhar e abraçar com ternura.

— Claro que sim!

À noite, Jaime faz amor comigo com ternura. Mas não há jeito de ele se segurar, e acabamos antes que eu pudesse chegar ao orgasmo.

Uma suíte para dois

7 de setembro de 1998

Estou longe de imaginar que Jaime vasculhou meus documentos e minhas coisas pessoais e que sabe exatamente quanto dinheiro tenho. Nunca falamos de dinheiro, para ele é um assunto tabu. E, na verdade, não é necessário. Eu não tenho nada a esconder, mas também não lhe dei detalhes de minha situação financeira. A verdade é que, quando aconteceu o famoso episódio da execução da dívida, o dinheiro que Jaime necessitava era justamente o que eu dispunha em minha conta. Jaime, na realidade, sabia até os centavos de quanto eu havia economizado.

As coisas vão se acalmando e ele continua viajando a trabalho ou por questões familiares. Eu não tenho mais economias, mas entre o salário dele e o meu vivemos bem. Além do mais, Jaime arca com as despesas e me dá religiosamente todos os meses o dinheiro do aluguel. Estamos vivendo uma nova lua de mel, e esse problema, no fim das contas, nos aproximou mais e tornou nosso amor mais forte. Pelo menos é o que eu acho.

Hoje vou à Itália ver uma feira de moda muito famosa. Minha empresa e eu temos que estar presentes. Sei que Jaime não vê graça nenhuma nessa viagem, especialmente depois daquela discussão sobre as supostas segundas intenções de meu chefe; mas me deixa ir. Até agora, não lhe dei nenhum motivo para sentir ciúmes. Vivo única e exclusivamente por ele. Deixei de lado minha perigosa vida sexual e não tenho mais nenhum contato com amigos homens.

Quando aterrissamos em Milão, um sócio de Harry, meu chefe, vem nos pegar para nos levar ao hotel. Durante o trajeto informa que há um pequeno problema de disponibilidade de quartos, já que todos os hotéis da cidade estão cheios, e a única coisa que encontrou para nós foi uma suíte enorme que temos que dividir. Não tenho problema em dividir a suíte, desde que tenha duas camas em ambientes separados. E parece que sim, pois, ao chegar ao hotel, Harry e eu vemos que podemos dividi-la sem ter que interferir no espaço do outro, salvo para usar o banheiro. É só uma questão de organização.

Tenho certeza de que não vou contar nada a Jaime sobre esse pequeno incidente, porque sei que ele não vai entender. Mas ligo para ele para dizer que está tudo bem.

— Em que hotel você está? — pergunta ele de repente.

— No Westin Palace. Por quê?

— Para saber. Dê-me o telefone e o número do quarto que eu ligo, senão vai ficar muito caro. Vejo que seu chefe a está tratando como uma rainha. Vocês estão em um hotel muito bonito! — comenta.

Digo imediatamente a Harry que meu namorado vai ligar e que não atenda ao telefone. Não quero ter que explicar por que Harry estaria atendendo em meu lugar. Felizmente, ele é um chefe fantástico que entende muito bem dessas questões domésticas.

Em quinze minutos Jaime liga.

— De quem foi a ideia? — pergunta de supetão.

— Como?

Não estou entendo nada, e começo a temer o pior.

— Vou perguntar de outro jeito. Quem seduziu quem? — acrescenta ele em um tom irônico.

Fico muda.

— Você acha que eu sou tonto? Falei com a recepção e pedi para falar com seu chefe. Por coincidência, o número do quarto dele é o mesmo que o seu. Depois, liguei de novo e me confirmaram que estão no mesmo quarto.

Meu coração começa a bater extremamente forte. Como posso provar que não é o que parece?

— Eu posso explicar Jaime. É que...

— Não quero suas explicações. Quero as dele. Ponha-o na linha!

— Não, Jaime! Prefiro conversar com você. Ele não tem culpa...

— Ponha-o na linha!

Ele levanta tanto o tom de voz que Harry, que está ao meu lado, logo entende o que está acontecendo e me pede com a mão que lhe passe o aparelho.

Ouço Jaime gritar pelo telefone e não sei onde me enfiar de tanta vergonha. Harry me olha, depois se concentra na conversa e em tudo o que Jaime está lhe dizendo, e de vez em quando responde com um sim. Ele é um chefe como poucos neste mundo: compreensivo, cavalheiro... Está demonstrando que é capaz de entender tudo, e acho até que está se sentindo pior que eu. Está escutando tudo que Jaime tem para lhe dizer, fumando tranquilamente um charuto. E quando acaba a conversa, da qual ele quase não participou, passa o telefone para mim. Jaime quer me dar instruções precisas.

— Seu querido chefe vai mandar você para outro hotel. Quando chegar lá, ligue-me e me diga o novo número do quarto e o telefone. Se for um cavalheiro, ele encontrará um lugar para você, por mais cheios que estejam os hotéis em Milão. Espero sua ligação.

E desliga. Lágrimas começam a cair sobre o carpete púrpura, e fico balbuciando desculpas pelo constrangimento que acabo de fazer Harry passar. Ele não para de mastigar a ponta do charuto, e depois de apagá-lo, diz:

— Não se preocupe, agora mesmo vamos ajeitar a situação.

Ele faz algumas ligações, e uma hora depois seu sócio me leva para outro hotel, a quinhentos metros do Westin. Não ligo logo para Jaime, e quando o faço ele está furioso e impaciente. Dou os números do hotel e do quarto e em poucos minutos ele retorna a chamada.

— O que você disse a Harry? — pergunto, irada.

— As coisas adequadas para que se comporte como um cavalheiro. De qualquer maneira, terei que falar cara a cara com ele quando voltarem de viagem, para que ele não se atreva de novo a tentar qualquer coisa com você.

Ouço-o indignada, sem poder responder, e profundamente triste. O pior é que me sinto culpada pela situação. Passamos grande parte da noite ao telefone, ele filosofando sobre as coisas da vida, do amor, e sobre quanto ainda tenho que aprender, e eu escutando sem dizer nada. Quando desligamos, não consigo conciliar o sono. Choro de humilhação e de vergonha do Harry. Choro por não ter tido forças para discutir com Jaime.

11 de setembro de 1998

Volto para Barcelona sozinha; Harry pegou outro voo de Milão para a Inglaterra. Jaime vem me buscar no aeroporto com um buquê de flores, e quando me vê, abraça-me forte, como se eu acabasse de ser liberada de um sequestro. Diz que me ama muito e explica que se agiu daquele jeito foi, evidentemente, para o meu bem. Durante muito tempo sinto que não vou conseguir olhar Harry nos olhos, ainda envergonhada por causa desse episódio.

Meu pai morreu...

9 de dezembro de 1998

Acho que em alguns momentos de lucidez Jaime está percebendo seu comportamento comigo. Propõe que passemos um fim de semana em Menorca, talvez porque quer que eu o perdoe pelo que aconteceu. Um prêmio para minha paciência; mereço um descanso, são suas palavras. Diz que vai cuidar de tudo e comprar as passagens. Esta semana ele esteve fora, no norte da Espanha, e temos que voar para Mahón, a capital de Menorca, na sexta-feira à noite. A ideia é que, quando ele voltar, à tarde, passe em casa para me pegar para irmos direto ao aeroporto de carro. Espero-o entusiasmada, porque é a primeira vez que passo um fim de semana com ele fora da cidade, e aguardo na sala com minha mala. Jaime havia me ligado na noite anterior dizendo que ia chegar em Barcelona às cinco da tarde, e pediu que eu estivesse pronta, pois nosso avião sairia às sete e meia. Não me deu detalhes do hotel onde vamos ficar. Seria uma surpresa.

Às seis, ainda não tenho notícias dele. Ligo no celular, e, como sempre, está desligado. Deixo uma mensagem, meio angustiada, esperando que esteja preso em um congestionamento, o que costuma acontecer com muita frequência às sextas-feiras. Às seis e meia ligo para o escritório, mas sua secretária também não tem notícias dele. Já é tarde para pegar o avião, mas estou mais preocupada por pensar se ele sofreu um acidente. Estou imaginando o pior. Jaime viajou com seu sócio, então ligo para o celular deste, mas também está desligado. Não tenho um infarto por pouco, visto que passo a noite toda ligando para todos os hospitais de Barcelona para saber se algum Rijas deu entrada em algum deles. Suspiro de alívio cada vez que a enfermeira de plantão diz que não. Mas também estou mais confusa sobre o que pode ter acontecido.

Passo a noite no sofá da sala, e, de manhã, o telefone, que deixei no volume máximo, me acorda imediatamente. É Jaime.

— Meu pai morreu, teve um infarto ontem à tarde — anuncia com voz grave, visivelmente abalado.

Desabo ao ouvir a notícia.

— Meu Deus! Onde você está?

— No velório, com minha mãe. Vou ficar um pouco com ela. Desculpe não ter avisado, mas...

— Não, não se preocupe. Posso fazer alguma coisa por você, Jaime? Quer que eu vá até aí? Onde é o velório?

— Não, melhor não. É um drama, não sei como vou superar. Dê-me um pouco de tempo para ficar com minha mãe, e depois sozinho. Estou muito mal.

Repito que sinto muito e que vou esperá-lo em casa o tempo que for necessário. Se ficar sozinho é o que ele quer e necessita, vou respeitar sua decisão.

15 de dezembro de 1998

Vou trabalhar todos os dias como um robô. Não consigo me concentrar em nada do que faço e meu chefe me pergunta o que está acontecendo. Falo vagamente da morte de um parente, mas sem entrar em detalhes. Vendo meu mal-estar, Harry tem a gentileza de me dar uns dias de folga, além dos que tenho direito a tirar pelo Natal.

Não sei quantos dias Jaime vai estar ausente, mas uma coisa está clara: sinto muita saudade e lamento sinceramente tudo que ele está passando. Vou esperá-lo, e confio que me dará notícias antes do Natal. Supostamente vamos passá-lo juntos, já que seus filhos vão passá-lo com a mãe. Mas não tenho nenhuma novidade por enquanto.

Semana de 24 a 31 de dezembro de 1998

É o pior Natal e Ano-Novo de minha vida. Sozinha em casa, carregando o telefone para todo lado, esperando em vão que Jaime me faça uma surpresa e apareça de repente. Mas nada disso acontece. Confesso que tenho muito tempo para pensar, e a certa altura chego a acreditar que todos esses dramas são estranhos demais para ser verdade. Mas, depois, sinto-me culpada por duvidar de um tema tão grave como a morte de uma pessoa querida.

2 de janeiro de 1999

No Ano-Novo Sonia tentou me fazer sair de casa, convidando-me para uma festa que um ex dela ia dar. Mas recusei. Ela me ligou de novo para saber de mim e me ver, mas, ao ouvir meu tom de voz, desistiu de me convencer a ir visitá-la.

Jaime acaba de aparecer, três semanas depois do drama. Perdeu cinco quilos pelo menos, o que dá a seu rosto um aspecto de cadáver ambulante. Seus longos dedos finos, no entanto, estão inchados e ele tem até dificuldade de fechar as mãos. No andar, não o reconheci. Está mancando mais que nunca, e mal me dirige a palavra. Eu não me atrevo a falar. Compreendo que está de luto e tenho que respeitar. No entanto, morro de vontade de abraçá-lo, enchê-lo de beijinhos e reconfortá-lo, mas, no fim, ele está se transformando — por vontade ou sem querer, não sei — em mais um móvel da casa. Sua loucura já está atingindo níveis jamais suspeitados. Acho que é a dor que o deixa assim. Esse acontecimento está precipitando ainda mais as coisas, e começo seriamente a suspeitar que o homem por quem me apaixonei não tem nada a ver com quem Jaime é na realidade.

Ele está começando a passar as noites fora. No início, atribuo isso à dor pela perda do pai, e não me atrevo a dizer nada. Mas, quando resolve voltar no meio da noite, é sempre totalmente embriagado, tentando brigar comigo sem parar. De modo que a maioria das vezes, no fim, finjo estar dormindo, e ele se tranca no banheiro, como de costume, e ouço o bisturi trabalhando a todo vapor. Eu me escondo entre os lençóis, morrendo de medo e com calafrios.

Quando ele fica em casa à noite, é Joaquín, seu sócio, quem aparece sem avisar, e ambos se trancam no escritório de Jaime. Joaquín sempre chega meio bêbado e acabam brigando, porque, segundo uma conversa dos dois que escutei, ele vem pedir dinheiro para gastar com prostitutas de boates ou com os travestis da Ciutadella.

Obsessões acerca do tempo

3 de janeiro de 1999

Esta noite Jaime recebeu uma ligação que me acordou, e o vi sair apressado sem dizer nada. A única explicação que me deu ao voltar foi que sua ex-mulher passou muito mal e seu filho ligou pedindo sua presença.

É o segundo mês que Jaime se esquece de me dar o dinheiro do aluguel, que vou pagando rigorosamente. Lembrei-lhe, e ele me pediu para esperar um pouco, mas sei que deixou definitivamente de arcar com essa despesa. Tenho a impressão de que ele está entrando em uma depressão profunda, sobre a qual aparentemente não quer falar.

4 de janeiro de 1999

Já quase não mantemos relações sexuais, salvo hoje. Jaime contratou os serviços de uma prostituta, que trouxe para nossa casa sem meu consentimento.

Quando volto do trabalho, ele está conversando tranquilamente com uma mulher, de aspecto duvidoso, na sala. Logo entendo do que se trata.

— É um presente para você, querida. Como ultimamente não lhe dou quase atenção…

Sua frase tem uma mistura de ironia e ternura, e para ver se isso lhe devolve o desejo que parece ter perdido, concordo que essa mulher fique por uma hora.

Para mim foi um desastre. Foi estranho, mas Jaime se sentiu bem à vontade. No entanto, depois que eu mesma paguei a prostituta e ela foi embora, ele ficou excitado e começou a me tocar.

— E, de quebra, vamos ver se faço um filho em você! — exclama enquanto se tranca no banheiro para tomar um banho.

5 de janeiro de 1999

Jaime está me preocupando. Suas manias são cada dia mais estranhas. Ele sempre gostou de agendas, mas nunca suspeitei até que ponto. Vai comprando agendas de todo tipo, de couro ou simplesmente de papelão, e quando já encheu sua última aquisição com todos os números de telefone pessoais escritos com sua melhor letra, troca-a por outra e transfere toda a informação. Que perda de tempo! Além do mais, não faz nenhum sentido. Ainda assim, tento justificá-lo dizendo a mim mesma que é melhor uma pessoa ter um hobby que não se interessar por nada. Pelo menos é uma maneira de conservar sua saúde mental em bom estado. Há gente que coleciona selos; pois Jaime coleciona agendas.

Hoje lhe comprei uma, para fazer que me perdoe porque vou viajar outra vez. É de couro marrom claro, com argolas, muito moderna, e coloquei cuidadosamente uma foto minha para que se lembre de mim toda vez que a abrir.

Parece que ele gostou da agenda, e anda com ela para lá e para cá.

6 de janeiro de 1999

Hoje encontrei a agenda de couro que dei a Jaime no saco de lixo quando ia levá-lo para baixo. Ele abriu o saco já fechado e jogou a agenda, para que eu não percebesse. Senti uma ponta no coração, peguei-a e a abri. Estão ali todos os números de telefone pessoais dele, mas errou um deles e o rasurou. Parece que deixou de gostar da agenda. Meu único consolo é que minha foto não está ali. Pelo menos a guardou, com certeza em sua carteira. Como o amo!

Relógios também são sua paixão. Outro dia, ele comprou umas caixinhas lindas de madeira e as empilhou em seu armário; dentro delas Jaime guarda todos os relógios que foi acumulando com o passar dos anos. Hoje os contei. São mais de duzentos. Adoro ver como ele é organizado.

Começo a me sentir muito mal, tanto psicológica quanto fisicamente. Sinto náuseas o dia todo. No escritório não notaram nada, porque me mostro radiante. Acho que a náusea é provocada pelo mal-estar em casa, porque Jaime não se recupera totalmente da morte do pai.

7 de janeiro de 1999

Estou péssima. Hoje chamei um encanador porque o vaso está com problemas. Já faz uns dias que não funciona direito, a água vai enchendo até quase transbordar. A conclusão do encanador foi que alguma coisa está obstruindo o vaso sanitário. Depois de desmontar peças durante uma hora, encontrei os pedaços da foto que eu havia colocado na agenda dele boiando na superfície.

Quero investigar Jaime. Volto a fuçar em suas coisas, não sem sentimento de culpa. Mas hei de encontrar uma pista que me faça entender o que está acontecendo.

Encontrei avisos de devolução de cheques, os que Jaime havia emitido para pagar os móveis quando nos mudamos. Também há contas de telefone que ele vai pagando, colocadas em uma pasta que ele escondeu cuidadosamente entre as outras no escritório. As contas são tão altas que ele não conseguiu pagar as últimas, e as cartas de cobrança foram se acumulando. Todos os números aparecem detalhados, em particular um, de Madri, que se repete todos os dias a qualquer hora, mas, casualmente, não aos fins de semana, quando supostamente ele está lá.

Decido ligar para esse número. Quero esclarecer de uma vez por todas o que está acontecendo. Sei que o que vou fazer não está certo, mas sinto que devo.

Ouço a voz doce de uma mulher jovem que me atende, e firme, pergunto se posso falar com Jaime Rijas.

— Ele não está aqui durante a semana, mas chega na sexta. Quem quer falar com ele?

— A mulher dele — respondo sem pensar.

A mulher fica em silêncio do outro lado da linha, mas logo diz:

— Ouça, não sei quem é você, mas eu sou Carolina, namorada dele.

Ela pronuncia essas palavras com toda a tranquilidade do mundo, o que me surpreende um pouco. Acho que pensa que é um trote. Ou talvez também suspeite, como eu, que Jaime está levando uma vida dupla e não se surpreende muito com o que digo. Carolina e eu nos damos bem desde o primeiro momento. Ela parece uma pessoa inteligente, que nunca manifesta o típico rancor das mulheres que dividem um mesmo homem.

— Carolina, desculpe. Meu nome é Val, e sou a namorada de Jaime em Barcelona. Moramos juntos há alguns meses.

Parece trote, e tenho medo de que Carolina não me leve a sério.

De repente me sinto muito mal, tudo começa a girar em minha cabeça e acho que vou desmaiar. É esse maldito enjoo que volta a se manifestar, e tenho que desligar o telefone e me deitar um pouco.

Passa-se uma hora e já me sinto muito melhor. Ligo de novo para Carolina.

— Desculpe, passei muito mal e tive que desligar. Lamento entrar assim em sua vida. Não pretendo nada, mas Jaime está tão estranho que eu queria saber o que estava acontecendo. Agora compreendo. Lamento.

Carolina não parece brava comigo e tenta me acalmar.

— Não se preocupe — diz sem formalidade. — Jaime sempre teve muitos problemas. Mas eu não achei que ele fosse fazer isso, na verdade.

Sua serenidade do outro lado da linha me impressiona.

Carolina prossegue:

— Jaime e eu ficamos juntos só nos fins de semana, porque ele tem seus negócios em Barcelona. Eu não sabia que ele morava com outra pessoa.

Dou a ela meu telefone e nos despedimos. Ela implorou para eu não dizer nada a Jaime, e decidimos nos "vingar" do nosso jeito, provocando um encontro entre os três sem que ele saiba. Carolina comentou que Jaime tem intenção de passar o Dia dos Namorados em Madri — como pode fazer isso comigo? —, e, se eu quiser, posso aproveitar para ver com meus próprios olhos o que ele sempre me escondeu.

Devo dizer que Carolina sempre foi muito gentil comigo. Não brigamos nem ela me censurou. Afinal de contas, estamos as duas no mesmo barco. O único culpado dessa situação é Jaime, e nós somos apenas duas pobres vítimas, perdidamente apaixonadas pelo mesmo homem. Tento esconder minha descoberta, não sem dificuldade, até a data combinada com Carolina.

Enquanto isso, meus enjoos vão se acentuando cada vez mais de manhã, e começo a temer o pior.

O contrato

8 de janeiro de 1999

Jaime está me torturando cada vez mais. Talvez desconfie de alguma coisa. Hoje à noite ele tem um jantar de negócios com seu sócio e um cliente em potencial, e insistiu para que eu o acompanhe e vista algo bem sexy.

— Para um jantar de negócios?

— Sim. É um cliente muito especial e peço sua colaboração uma vez.

— Em que sentido?

— Seja gentil com ele, pode ser? É pedir muito que me faça esse favor?

De novo Jaime está ficando furioso, e decido ir ao jantar para evitar um enfrentamento com ele. No carro, a caminho, ele vai me dando explicações sobre o cliente.

— Faz muito tempo que estou atrás dele e sempre me fechou as portas. Aceitar jantar conosco significa que há possibilidades de assinar um contrato.

Jaime e Joaquín marcaram de se encontrar antes em um bar para combinar o que dizer e como orientar o jantar para convencer o cliente a assinar um contrato polpudo.

O bar é muito exclusivo, pequeno, e a entrada parece um barco. Ao abrir a porta, uma escada estreita adentra um barzinho onde o balcão de mogno toma mais da metade do espaço. Muitas pessoas chegaram antes de nós, e há poucos lugares. Não me sinto à vontade ali, e acho que meu mal-estar se nota, porque Jaime me pede para sorrir em várias ocasiões.

Joaquín já está em um canto do balcão conversando acaloradamente com duas moças de aparência muito chamativa. Quando veem Jaime, as duas mulheres o cumprimentam de uma forma muito familiar, como se o conhecessem desde sempre; depois, olham para mim com desdém e decidem ser totalmente indiferentes, como se eu não estivesse ali. Fico atrás de Jaime, primeiro por falta de lugar e também por timidez diante dessas mulheres. Dessa forma, não vou participar da conversa. Noto os olhares e sorrisos cúmplices que Joaquín troca com Jaime. Parecem estar se comunicando em uma língua que só eles entendem. Não entendo a atitude de Jaime, especialmente depois de ele ter me contado que Joaquín se aproveitou dele quando foi seu avalista no banco. Isso não parece ter abalado o relacionamento dos dois. Não gosto de Joaquín. Nunca o achei simpático, nem mesmo no primeiro dia em que o vi. É um homem alto, de cabelo totalmente grisalho, sempre de gravata extravagante e óculos grandes de armação marrom ao estilo Onassis. Lúgubre! Seu cheiro a cachimbo se percebe a um quilômetro de distância, quer o mantenha aceso entre os lábios ou não. Joaquín pertence à alta burguesia decadente catalã, e mora em um bairro afastado de Barcelona, em uma mansão maravilhosa que é de sua esposa. Faz alguns meses que vive na noite, e hoje está flertando descaradamente com as duas mulheres no balcão. Volta-se de repente para mim, e ao ver minha cara de mau humor, solta:

— Você é nova demais para entender certas coisas. Ainda tem muito o que aprender.

Não vale a pena responder. Mas começo a sentir um ódio terrível do Jaime por não me defender e pôr Joaquín em seu lugar.

Depois dos drinques, vamos para o restaurante, onde o cliente já está nos esperando. Jaime me chama de lado e diz:

— Joaquín já está bêbado, de modo que não precisa falar muito. Você e eu vamos negociar com o cliente, tudo bem?

— Eu?

— Sim, você vai me ajudar. Você é mais inteligente do que imagina.

O que ele quer dizer com isso? O cliente está aguardando em uma mesa para quatro pessoas, afastada, em um canto. Cumprimentamo-nos, e Jaime me apresenta como uma colaboradora de sua empresa. Não quero corrigi-lo, porque imagino que faz parte de alguma estratégia para não misturar negócios com vida pessoal. Jaime me incita a sentar ao lado do cliente.

O jantar se desenrola com grandes discussões, das quais não me atrevo a participar, e o cliente, um homem pequeno e babento, não para de beber e de olhar para minhas pernas. Começo a me sentir ofendida, porque Jaime nota o que está acontecendo e não faz nada a respeito. Ele sempre foi ciumento, mas agora não abre a boca porque um contrato substancioso está em jogo.

Depois da sobremesa, o cliente começa a acariciar minhas pernas por baixo da mesa enquanto continua falando com Jaime. Estou pasma, e noto que Joaquín, alheio a tudo que está acontecendo a seu redor, está concentrado em acender seu cachimbo. Não posso acreditar no que está acontecendo. Jaime vê e faz pequenos gestos de aprovação com a cabeça. Inconscientemente, vou apertando todos os meus músculos, e quando o cliente passa a deslizar a mão pela parte interna de minha coxa, eu me levanto repentinamente e jogo o guardanapo violentamente em cima da mesa. Não posso mais me conter ao ver que Jaime não pretende reagir.

— Eu só valho alguns milhares de euros para você? — digo enquanto todo mundo no restaurante fixa os olhos em mim.

Jaime assume um ar de surpresa.

— O que aconteceu?

— Você não pretende fazer nada para que esse grosseirão tire as mãos de mim?

Jaime olha para o cliente, que está com as mãos quietas.

— Comporte-se! — responde Jaime, deixando-me totalmente decepcionada.

Joaquín dá tranquilas tragadas em seu cachimbo, achando divertido.

— Como? — insisto.

— Eu disse para você se comportar! — ordena Jaime. — Está pondo tudo a perder!

Não sei o que mais me dói: se a grosseria do cliente ou a atitude do Jaime. Indignada, abandono a mesa, peço meu casaco ao garçom e saio do restaurante correndo. Jaime estava disposto a me dividir com um desconhecido essa noite. Sinto vontade de vomitar.

Volto para casa chorando. Quando Jaime aparece, às cinco da manhã, tranquilo, como se nada houvesse acontecido, já tenho bastante clareza de que ele não me ama nem nunca me amou.

Antes de se deitar ao meu lado, enquanto finjo dormir, ele murmura:

— Você é muito jovem ainda. Tem muito o que aprender.

Sinto verdadeiro nojo dele deitado ao meu lado. Não vou conseguir suportar essa situação por muito mais tempo.

O pior está por vir

9 de janeiro de 1999

A farmácia está cheia de gente, e me sento em uma cadeira que colocaram ao lado do balcão. Estou atrasada uma semana, e antes de fazer o teste já sei que estou grávida. Estava tentando me convencer de que não. Noto pelas batidinhas de um coração à altura de meu ovário direito, e apesar dos argumentos de Sonia, que diz que é impossível sentir isso antes de alguns meses, já sei que há algo crescendo em mim. Não comentei nada com Jaime, tenho medo de sua reação, embora seja óbvio que podia acontecer, já que faz tempo que não tomamos precauções. E um dia ele me disse que adoraria ser pai de novo, agora, na maturidade, e que tinha que ser agora ou nunca, já que, dada sua idade, não quer ser pai-avô. Pois acertou no alvo. O teste não precisou esperar nem o tempo indicado para mudar de cor. No mesmo instante em que mergulhei o bastãozinho na urina já deu positivo. Estou "gravidíssima".

Conto para Jaime à noite, e ele fica me olhando com cara de quem viu um fantasma. Espero qualquer reação: alegria ou raiva, mas nunca imaginei que ele diria: "É impossível!".

— Como impossível? Aqui está o teste.

Entrego-lhe o teste, que guardei na própria embalagem de alumínio.

— Repito que é impossível! — diz ele sem dar bola para a evidência.

Sua voz tem um ar debochado que me dá calafrios.

— Não duvido que esteja grávida, só duvido que seja meu.

Por pouco não pulo no pescoço dele. Até porque com certeza ele está esperando esse tipo de reação. Fico sentada tranquilamente, com o coração quase saindo do peito.

— Jaime, como pode dizer isso? O único homem com quem transei desde que nos conhecemos é você.

— Duvido.

Ele está muito sério e começando a se irritar.

— Como pode dizer uma coisa dessas?

— Simplesmente porque sou estéril.

Em muitas ocasiões passei maus bocado com Jaime. Às vezes, o odiei do fundo da alma, senti raiva, impotência, mas hoje, meu mundo está desabando. Só pode ser uma grande farsa. Não vejo outra explicação. Vou correndo para o banheiro vomitar e fico ali, com a cara no vaso sanitário, tentando clarear as ideias, quando de repente ele aparece por trás e continua com seu discurso.

— Sou estéril há muitos anos. Tive a grande sorte de poder conceber dois filhos, mas nunca mais poderei ter outro. De modo que pode tirar a máscara e confessar que foi para a cama com outro!

Sou incapaz de responder. Ele acaba de se transformar em um monstro diante de meus olhos e não quero nem lhe dirigir a palavra.

— Eu não estranharia se você tivesse transado com seu chefe e agora quisesse que eu me responsabilizasse por essa criança.

Cada palavra que ele pronuncia é como um soco no queixo. Vomito de novo.

— E também não estranharia se tivesse transado com meu sócio. Claro, agora entendo por que Joaquín vem cada vez mais aqui. Eu não devia ter confiado em você!

Quero argumentar, mas meu desgosto é tamanho que começo a gritar.

— Você é uma histérica. Olhe para você! Além do mais, eu sei o que você faz nos fins de semana quando estou em Madri!

Eu poderia falar de Carolina e dizer que descobri seu jogo duplo, mas não consigo articular nenhuma palavra. Fico completamente muda, e isso o estimula a ser mais cruel.

— Quem cala, consente! Você me dá nojo!

Ainda com essas palavras na boca, ele vai embora de casa.

Meu presente de Dia dos Namorados

14 de fevereiro de 1999

Abortei sozinha, em silêncio, apesar de que um bebê é o que mais quero no mundo. No dia em que contei a Jaime sobre meu estado, depois que ele saiu de casa encontrei entre suas coisas um relatório psiquiátrico com uma série de perguntas às quais ele havia respondido. Em uma de suas respostas dizia que o que mais o faria feliz seria passar a semana toda com Carolina, mas que ela já não o suporta e que ele voltou a usar cocaína. Outras respostas prefiro esquecer, de tão duras que são. No entanto, chamou minha atenção o que ele pensa sobre as mulheres: diz que odeia todas, salvo sua mãe. A conclusão do psiquiatra é que Jaime é esquizofrênico, que padece de uma síndrome de bipolaridade por ter os neurônios podres de tanto consumir cocaína. Precisaria se internar para tratamento durante um tempo.

Não posso admitir dar à luz uma criança concebida em um ambiente de loucura, com um pai completamente louco e viciado. Receio que o bebê seja prejudicado por tudo isso e me assusta ter que manter contato com um louco furioso, que poderia fazer mal à criança ou a mim.

Um dia Jaime me liga ameaçando que se eu não abortasse, faria todo o possível para "foder" minha vida. Eu acredito nele. Jaime é capaz de qualquer coisa para sobreviver.

Hoje pego a ponte aérea para conhecer Carolina. Já lhe contei do bebê pelo telefone e ela ficou muito mal, pois Jaime fez o mesmo com ela. Já faz alguns anos. Ele não é estéril. Inventou essa barbaridade para dissuadir qualquer uma que pretendesse lhe fazer chantagem emocional com uma criança. Evidentemente, esse não é meu caso. A única coisa que quero é me livrar dessa cruz que carrego, desse amor que sinto por ele, e começar uma vida nova. Para isso, tenho que exorcizá-lo falando com a pessoa que melhor o conhece e com quem ele divide a vida.

Carolina marcou comigo em um bar, e estou nervosa por conhecê-la cara a cara. Nós nos reconhecemos desde o primeiro momento, por instinto; a desgraça logo se reconhece no rosto. Durante os primeiros minutos eu me sinto constrangida. Carolina é muito mais velha que eu, e incrivelmente bonita e doce. Eu me sinto lisonjeada por Jaime tê-la traído comigo, mas logo tiro essa idiotice da cabeça e me concentro na triste realidade: ele me manipulou e nunca me amou.

Carolina e eu precisamos beber alguma coisa forte para podermos falar tudo que sabemos sobre Jaime. Eu lhe conto vagamente como nos conhecemos, os problemas que enfrentamos com a execução da dívida do banco, a morte do pai dele e suas bebedeiras noturnas e sumiços repentinos.

Carolina me ouve com muita atenção, e arregala seus enormes olhos pretos cada vez que se reconhece em minha história.

— A única vez que ouvi falar de você foi quando Jaime me explicou que havia contratado uma francesa — diz ela, quando tem certeza de que eu acabei de contar tudo.

— Nunca trabalhei para ele. Eu nunca quis.

— O enterro do pai nunca existiu. Ele não morreu, mora em um barraco sem eletricidade. Jaime vem de uma família muito pobre e não fala com o pai há anos. Quando o conheci, ele também usou a farsa do enterro, até que descobri a verdade. Com certeza ele precisava de uma desculpa para desaparecer por uns dias com uma garota, e me contou essa mentira horrível. Jaime é um mentiroso compulsivo. Antes do Natal fomos para as Canárias. Por isso ele inventou a morte do pai. Lamento!

As palavras ecoam em minha cabeça.

— Quanto ao chalé, não é dele. Meu marido o comprou quando nos casamos. Quando ele morreu, eu herdei a casa. Jaime mora comigo lá. Mas o chalé é meu, e nunca houve nenhuma ordem de execução. Nisso ele também mentiu.

Não posso acreditar que ele desceu a um nível tão baixo.

— E os filhos dele? Ele disse que passava todos os fins de semana com os filhos aqui.

— Os filhos não querem nem vê-lo. Faz meses que mal se falam, só o necessário.

— Então, o dinheiro que dei a ele, para o que era?

Carolina faz cara de quem não sabe nada do assunto.

— Eu lhe entreguei 30 mil euros para evitar que lhe tomassem a casa! — grito.

— Acho que a única coisa que ele queria era tirar dinheiro de você.

Além de mentiroso, descubro que é um golpista.

— Jaime sempre teve problemas com dinheiro. Gasta sem pensar. Leva uma vida de príncipe. Eu o sustentei durante muitos anos, até que me cansei. Faz dois anos que não o ajudo. Desde então, começaram a aparecer processos, de seus colaboradores, de muita gente. Eu não quero saber de nada. Imagino que agora ele precisava de alguém que lhe provesse fundos. Foi a mesma coisa com sua ex-mulher. No fim, ela se cansou e o expulsou de casa. Ela pretende viver tranquilamente sem esse imprestável. Lamento lhe contar as coisas assim, mas é a única coisa que posso fazer.

— Sua ex-mulher está muito doente, não é?

— Que nada! Carmem goza de perfeita saúde. Ele também a fez acreditar que Carmen tem câncer, não é? Não tem. Ela está muito bem, e a única coisa que quer é apagar da memória os anos que viveu com esse homem. Eu também estou tentando fazer isso, mas continuo muito apaixonada por ele e não consigo.

Quero morrer. Sou uma cornuda, enganada, arruinada, destruída física e psicologicamente. E estou diante de uma mulher nas mesmas condições, mas que perdoou quase todas as humilhações que sofreu. Carolina me diz que marcou com Jaime no bar em frente, e que tem que ir porque ele pode chegar a qualquer momento. Então, toca meu celular. É Jaime.

— Apesar de não estarmos juntos, quero lhe desejar um feliz Dia dos Namorados — diz ele.

Como pode ser tão cínico? Tenho que me controlar para não lhe dizer onde estou.

— Onde você está? — pergunto, arrasada.

— Este fim de semana estou com minha mãe, em Barcelona.

Não digo onde estou. Ele não suspeita em absoluto que estou em Madri com Carolina. Nós nos despedimos e Carolina diz:

— Viu como ele mente? Está a caminho do bar.

O celular dela começa a vibrar. Ela olha para mim surpresa, e compreendemos que é Jaime novamente.

— Está bem — diz ela. — Espero você em dez minutos.

E desliga. Ele acaba de dizer que está saindo do metrô, quase chegando ao encontro. Trocamos olhares, sem poder acreditar que um homem possa ser tão cara de pau.

Não sei de onde tiro forças para aparecer no bar vinte minutos depois. Estou dividida entre a vontade de sair correndo ou ficar e explicar-lhe que já descobri que tipo de pessoa ele é na realidade. Por outro lado, continuo apaixonada por ele, mas quero lhe dar uma lição por todo o mal que me fez e que está fazendo a Carolina.

Apareço como uma morta-viva, e Jaime fica tão surpreso de me ver ali que precisa de uns minutos para reagir. Eu me sinto péssima, com a estranha sensação de entrar sem licença na intimidade de um casal desconhecido. Carolina me oferece uma cadeira, e a seguir, pergunta a Jaime se sabe quem eu sou. Ele não consegue nem responder. Fica verde. Pela primeira vez na vida foi derrotado, arrancaram-lhe a máscara. Ele ameaça se levantar em várias ocasiões, tentando escapar desse triângulo, mas eu o obrigo a se sentar puxando-o forte pela manga. As pessoas no bar estão observando, entre o estupor e a diversão, a novela mexicana que estamos protagonizando, mas ninguém se atreve a intervir. No fim, Jaime consegue sair correndo, e Carolina me convida para ir a sua casa, que fica em um bairro residencial famoso, a uns vinte quilômetros de Madri. Quer me mostrar onde mora, e me convida inclusive para passar a noite em sua casa, já que Jaime não vai se atrever a voltar.

Aceito seu convite, apesar de me sentir uma intrusa, pensando que com certeza Carolina precisa de mim para não se sentir sozinha. Parece que estabelecemos uma espécie de cumplicidade involuntária. Eu lhe devo pelo menos isso: gratidão pelo modo como se comportou comigo.

Em casa, tomamos um porre de genebra e Carolina decide me mostrar seu quarto.

Talvez eu tenha aceitado dormir ali para me familiarizar com o ambiente de Jaime, para entendê-lo melhor. Mas, na verdade, o que há para entender? Não sei. A casa está cheia de fotos dela com Jaime.

— Lembranças de momentos felizes que passamos juntos — diz ela, nostálgica. — Mas faz muitos anos que não me sinto feliz com ele. Não consigo me livrar de Jaime. Pelo telefone consigo dizer que não quero saber dele, mas quando aparece, fraquejo. Isso não é vida. Pelo menos não é a vida que eu queria, nem para mim nem para meus filhos.

A certa altura, enquanto bebemos para suportar a dor de um amor entregue a um ser maléfico, Jaime liga de novo para Carolina. Quer lhe pedir perdão. Mas ele não sabe que nós duas estamos ali. Ela diz que só quer que ele vá embora de sua casa definitivamente, mas Jaime suplica para que não o abandone, já que ele nunca me amou. Que eu fui um erro. Dez minutos depois, ele me liga dizendo a mesma coisa, que nunca amou Carolina, que ela é uma pobre viúva, sozinha no mundo, que sente dó dela e que quer voltar para mim. Pede desculpas por todo o mal que me fez. Eu não escuto metade de suas desculpas e prefiro desligar. Carolina e eu estamos bêbadas, mas não menos indignadas com o que ele fez. Até onde é capaz de chegar?

— Tenho uma ideia — diz ela de repente com malícia nos olhos, quando já estou à beira de um coma alcoólico. — Mexer nas coisas de Jaime é a pior coisa que podemos fazer.

Ela me leva a seu quarto, onde Jaime deixou todas as suas coisas. Em seu armário encontro, surpresa, as mesmas caixinhas de madeira que ele tem em nosso apartamento em Barcelona para pôr seus relógios. Ele recriou em nossa casa o mesmo ambiente que tem em Madri. Com raiva, tiramos toda sua roupa, e com uma tesoura, Carolina começa a cortar todos os ternos em pedacinhos. Eu faço o mesmo com suas gravatas de seda, que ele arrumou cuidadosamente em vários cabides. E, depois, colocamos todos os pedacinhos em um saco plástico. Carolina pega uma mala, dentro da qual põe o saco plástico, e cola uma etiqueta adesiva com as iniciais de Jaime. Acabamos de nos tornar cúmplices de um ato de vandalismo sem querer. Ela liga para um hotel para reservar um quarto no nome de Rijas e explica ao recepcionista que vai mandar uma mala com as coisas pessoais dele para que lhe entreguem quando chegar. Pegamos o carro e vamos direto para o hotel para deixar a mala. Depois, Carolina manda uma mensagem a Jaime para lhe dar o endereço do hotel onde deixou suas coisas. Jaime não responde, não se atreve. Esse momento ele nunca vai esquecer na vida. Por causa da tensão que sofremos há 24 horas, Carolina e eu começamos a gargalhar ao imaginar a cara do Jaime quando vir o que acabamos de fazer com sua roupa.

Um final infeliz

15 de fevereiro de 1999

Despeço-me de Carolina pedindo-lhe desculpas por ter me intrometido em sua vida. Minha única intenção foi entender esse homem para desfazer o feitiço de amor que ele me lançou. Não quero de jeito nenhum machucá-la. Ela se tornou escrava de um monstro que só sente egoísmo e raiva pelo gênero feminino.

Imagino que, com o tempo, Carolina vai me odiar por ter feito isso.

3 de março de 1999

Tenho que entregar o apartamento porque não posso continuar pagando um aluguel tão alto; além do mais, não posso continuar morando aqui. Cada cômodo me recorda Jaime, e especialmente suas crises de loucura. Decido escrever uma carta para a imobiliária para dizer que vamos entregar o apartamento devido a nossa separação. Segundo o contrato, tenho que pagar uma multa porque não faz nem um ano desde que o assinei. E a única responsável sou eu, a locatária. É um esforço imenso fazer tudo isso. À noite, começo a ter insônia e a ficar cada vez mais nervosa. Ainda mantenho contato com Carolina, que me liga com frequência para me informar que Jaime a está seguindo todos os dias no trabalho, pedindo desculpas e implorando para que o deixe voltar. Até agora ela se recusa, mas sei que vai acabar caindo em seus braços. É difícil resistir a Jaime, ela vai voltar para ele porque tem medo de acabar sozinha, e ele, porque está completamente perdido e Carolina é a única pessoa que realmente o conhece bem.

Abril de 1999

Resolvi me mudar para um apartamento bem menor, do lado oposto à Villa Olímpica. Liguei para a empresa de mudança para que viessem na parte da manhã e, na véspera do dia marcado, Jaime apareceu na surdina, quando eu estava fora, para pegar as coisas mais valiosas que tínhamos em casa. Ou seja, ele me deixou com quase nada. De certa forma agradeço, pois onde vou morar não vai caber tudo. Passei de 120 metros a um modesto apartamento de 50 metros quadrados, escondido do mundo, que encontrei por acaso em um de meus vários passeios por Barcelona. Também, como vingança, Jaime arrebentou — ainda não sei como — o mármore da cozinha. Causou-me um problema gravíssimo com o proprietário, que está me pedindo, obviamente, que eu pague o estrago. Minha situação é absolutamente catastrófica. Não tenho mais economias, estou cheia de dívidas por causa das barbaridades do Jaime no apartamento e larguei o emprego com Harry. Pedi demissão porque não posso ir trabalhar estando tão mal. Seria uma falta de profissionalismo de minha parte. Mas, acima de tudo, estou arrasada, sem nada no mundo além da amarga recordação de ter me apaixonado por uma pessoa que nunca me amou, que só riu e se aproveitou de mim, que me enganou em todos os sentidos.

Curiosamente, não sinto ciúmes de Carolina. Acho que nos solidarizamos uma com a outra desde o momento em que nos conhecemos; ela nunca pôs em dúvida o que eu lhe contei sobre meu relacionamento com Jaime, e sempre lhe serei grata por ter me aberto sua casa. Mas para ela não sou mais que uma estranha que se impôs em sua vida e fez uma parte de seu mundo se abalar.

Jaime tentou em várias ocasiões falar comigo. Sabe para onde me mudei porque também me seguiu. Uma noite ele bateu em minha porta, e em um arroubo de amor, que ainda sinto por ele, deixei-o entrar. Estava bêbado, pedindo perdão e dizendo que havia terminado com Carolina. Sei que Jaime continua mentindo, pois Carolina e eu continuamos em contato. Ele também confessou que sua empresa está se dissolvendo e que precisa de dinheiro. Voltou para mim para tentar outra vez me enganar. Com muito esforço pus Jaime no olho da rua. Realmente ainda não entendo por que ele fez isso comigo, justamente comigo. Ele tem todas as mulheres a seus pés, e muitas com muito mais dinheiro que eu.

Descobri que aquele pote que supostamente vinha de uma farmácia continha cocaína pura, e confesso que tentei justificá-lo durante alguns dias. Porque o amo. A partir de agora, tenho que lutar contra dois inimigos: contra ele e a recordação, em primeiro lugar, mas também contra mim, para não ter uma recaída.

Agosto de 1999

Passaram-se longos meses de letargia, dos quais não me lembro. Tranquei-me em casa, com todos os móveis da mudança sem ordem nenhuma, encostados nas paredes. Não como, não ligo para ninguém, não tomo banho, simplesmente me deixo levar. Quero me anular. Estou me deixando morrer, e uma noite até supliquei, com todas as forças que ainda me restam, que meu fim não se faça esperar demais.

A Casa

Um lugar onde a vulnerabilidade
e a fragilidade dos seres humanos
estão sempre na ordem do dia

Eu tinha 30 anos quando tomei a decisão de entrar na Casa. Foi depois que terminei com Jaime, a quem não podia perdoar por ter me deixado uma conta corrente vazia e dívidas enormes, e por ter me abandonado com um embrião de bebê que nunca chegou a crescer. Eu estava arrasada, porque de repente haviam desaparecido minhas crenças sobre o amor verdadeiro.

Fiquei amadurecendo a ideia durante meio ano, todos os dias, todas as noites. Eu já havia pensado nisso antes, mas nunca deu certo. Acho que eu precisava de algo mais para ter coragem de fazer isso. As mulheres, seja qual for o nível socioeconômico — sei disso porque já falei com amigas minhas —, em algum momento da vida pensam nisso. Mas raramente o realizamos, porque faz parte somente de nosso repertório de fantasias eróticas, não passa disso. Certamente eu havia tido fantasias sobre o assunto, mas olhava com medo para essas mulheres. Sempre as via em um mundo cinza e violento, vítimas de um cafetão que as vigiava 24 horas por dia.

Depois do drama eu queria morrer. Mas ninguém consegue se suicidar em paz! De um jeito ou de outro, sempre algo ou alguém interferia, a maioria das vezes ao acaso, nesse ato tão íntimo que é se dar o direito de morrer.

Uma vez, quando estava prestes a pular da janela, Bigudí, que eu havia resgatado, apareceu miando pedindo comida, com toda a força de sua gargantinha, arranhando a perna da minha calça.

Em outra oportunidade tentei tomar duas caixas inteiras de um sonífero forte, e na hora de engolir os comprimidos haviam cortado a água. Procurei desesperadamente água mineral, ou um pouco de álcool, mas nesse dia não havia nem uma gota de líquido em casa. Decidi, então, deixar para o dia seguinte. Mas, no fim, mostrou-se correto o velho ditado: "Não deixe para amanhã o que você pode fazer hoje".

Depois, a vontade de morrer foi se diluindo com o tempo, dando lugar à apatia, à tristeza e a uma depressão cavalar.

Passaram-se seis meses, durante os quais fiquei literalmente trancada em casa, com as persianas fechadas, indo da cama para o banheiro e do banheiro para a cama, sem sentir fome, só sede, porque me embebedava pensando que beber não era ruim, pois nos dá outra realidade, e naquela situação eu não fazia mal a ninguém.

Eu sempre fui uma mulher forte e vencedora, mas com o fim do relacionamento pedi demissão da empresa de Harry. E, por falta de dinheiro, tive que me mudar para um submundo que pouco tinha a ver comigo. Deixei meu apartamento na Villa Olímpica e, antes de me instalar no de cinquenta metros quadrados, fiquei uma semana em uma pensão da região do Paralelo. Bigudí de um lado, uma mala cheia de recordações do outro e um prospecto médico de uma clínica de abortos em Barcelona no bolso. As mulheres vivem traumas só por amor ou pela perda de um filho, mas sabem superar os outros dramas. E por amor eu estava perdida, sozinha no mundo, com vizinhos de quarto muito duvidosos, prostitutas vulgares embaixo, na pensão, e cercada de bares cheios de sem-teto. Eu observava esses indigentes todos os dias da janela, mas especialmente as prostitutas, e ficava feliz quando, no dia seguinte, via o rosto conhecido de uma garota. Eu me familiarizei com elas sem nunca conversarmos — morria de vergonha —, mas ali estavam, e me faziam companhia. De alguma forma, eu as entendia.

Sempre pensei que para chegar ao fim do mês era melhor vender o corpo que fazer hora extra aos fins de semana em um bar, como uma escrava, doze horas por dia, por uma miséria de salário. Quando eu fazia faculdade, muitos colegas se matavam trabalhando como garçons para poder viver dignamente e continuar estudando. Eu, porém, havia recebido uma bolsa de estudos, além da ajuda financeira de meus pais todos os meses.

Quando me cansei de viver como um rato de esgoto na pensão, comecei a sair à rua — mas poucas vezes —, e adentrava o mundo real descendo as escadas. Nunca pegava o elevador porque me dava claustrofobia naquela época, com suas paredes revestidas de carpete rosa. Eu tinha medo de ficar presa, sem poder respirar, e ser absorvida por essas paredes cor de chiclete, agitando os braços para me livrar dessa massa viscosa que me mantinha sequestrada.

No fim, atingi o propósito que eu havia estabelecido para mim depois de me separar de Jaime. Matei uma pessoa. Matei a pessoa formal, estudiosa, ambiciosa que estava dentro de mim. Matei-a porque eu sabia instintivamente que, ao fazer isso, liberaria a outra, muito mais humana, ainda mais sensível e mais curiosa pela vida.

Há sempre uma primeira vez

1º de setembro de 1999

O primeiro contato que tive com a Casa foi em decorrência de um último arroubo de sobrevivência — ou autodestruição, depende do ponto de vista. Não sei com exatidão, mas entendo que sempre inclinamos em direção à vida. De modo que prefiro pensar na primeira opção.

O que encontrei ali estava muito longe da imagem glamorosa que eu tinha em mente. As garotas eram pequenas Cinderelas, mas nunca perdiam sapatinhos de cristal, e sim uma parte de si mesmas. A inocência de algumas contrastava com seu jeito de fazer amor com os clientes, e esses anacronismos físicos me deixavam alucinada. Eu era uma das mais "velhas" e sabia o que estava fazendo.

Muitas vinham aqui para ganhar muito dinheiro, não por necessidade, mas porque eram alérgicas a pobreza e achavam que a felicidade só pode ser encontrada no dinheiro. Eu procurava carinho, antes de mais nada, e me revalorizar como mulher; mas, no fundo, tínhamos o mesmo propósito: amar.

Duas e meia da tarde.

Por fim estou andando pela rua, contando as lajes do pavimento, incapaz de fixar a mente em qualquer impressão ou sentimento.

Comprei o jornal de manhã e recortei o anúncio de uma casa de luxo que promete as garotas mais elegantes e bonitas da cidade. Sem pensar duas vezes, liguei para perguntar se precisavam renovar as garotas, pois estava interessada em trabalhar com eles. Deram-me o endereço e um horário para a tarde.

Quero chegar o antes possível para descobrir esse mundo que imaginei tantas vezes. Vejo-me em um lugar luxuoso, usando um vestido de noite transparente, cercada de cortinas de seda e quartos temáticos com banheiras de hidromassagem.

Duas e cinquenta da tarde.

Quando Susana abre a porta, peço desculpas porque penso que errei de endereço. Ela, no entanto, me faz entrar, afirmando que é o lugar certo.

Susana é ruiva, gordinha, pequena e muito feia. Tem um cigarro na mão e os dedos completamente manchados de nicotina. Mas, o pior de tudo é que seus dentes parecem pedras pretas prestes a cair.

"Vai espantar os clientes", é a primeira coisa que penso.

— Você fuma? — pergunta ela me oferecendo o maço de cigarros.

Nem bom-dia nem nada.

— Sim, obrigada — respondo, pegando um com nervosismo.

Minhas mãos tremem. Essa será a primeira e última vez que ela me oferecerá um cigarro, pois eu me tornarei depois sua fornecedora preferida de alcatrão e nicotina.

Apesar de saber claramente onde estou me metendo, ainda não sei muito bem se vim por vingança, por nojo dos homens e do que eles têm pendurado no meio das pernas, ou por falta de carinho e autoestima, além dos problemas financeiros. É uma mistura de todas essas razões; e, além do mais, como sempre me considerei uma pessoa liberal, não me causa muito trauma nem me assusta.

— Um instantinho — diz Susana olhando-me de cima a baixo —, a chefe já vem, assim ela pode conhecê-la pessoalmente. Eu sou Susana, a gerente durante o dia.

Noto rapidamente uma coisa no chão, ao lado da porta de entrada. É um limão, com palitos de fósforo e um cigarro aceso espetados nele.

— Atrai os clientes — explica ela, rindo. — É um truque de bruxas. Cindy me ensinou.

— Cindy?

— Uma portuguesa que trabalha aqui. Depois lhe apresento. Ela tem um monte de truques, e todos funcionam.

Susana parece muito convicta disso.

Quando me manda entrar em um quartinho, onde há apenas uma cama e um espelho cercado de luzes, sinto medo, como se alguma coisa terrível estivesse me esperando ali. Sinto um nó no estômago e uma estranha sensação de falta de ar e de boca seca.

— Pode me arranjar um copo de água? — peço a Susana.

— Sim, querida. Sente-se na cama que a chefe já vem. Vou buscar a água, ok?

Até que ela me parece legal. Tem uma péssima aparência, mas imagino que se está aqui, por algum motivo deve ser.

O quarto é horroroso e não tem nada a ver com o que eu havia imaginado. As paredes estão recobertas de um papel amarelo, arrancado em algumas partes, e no teto há um pano rosa que cai, para dar um ar de intimidade misturada com um luxo fora de moda, que deixa muito a desejar. O espelho tem algumas lâmpadas queimadas e de repente absorve meus olhos. Então, percebo que estou caindo em uma doce esquizofrenia que me transporta para outros mundos, onde a linguagem das palavras não tem sentido, onde só importa a dimensão corporal e as sensações. A imagem refletida no espelho é de uma pessoa ainda desconhecida para mim. É o rosto de uma mulher que aterrissou em um lugar que não é para ela, mas que ela quer tornar seu, apesar de tudo, obstinada em reivindicar essa escolha a todo custo.

— Tome a água — diz Susana ao entrar novamente sem fazer barulho, com o copo na mão e um cigarro na outra.

O filtro já está queimando seus dedos.

Continuo me olhando no espelho, totalmente hipnotizada, e a irrupção de Susana me faz voltar repentinamente à realidade.

— Olá, bom dia! — exclama uma voz atrás dela, com um suave sotaque anglo-saxão.

— Bom dia! — respondo, curiosa para conhecer o rosto que corresponde a essa voz tão doce.

Uma morena, pequena e grávida estende a mão para me cumprimentar. Fico surpresa: uma mulher grávida e muito agradável sendo puta em um prostíbulo. Acabam de se quebrar todos os meus paradigmas. Eu não esperava isso; estou quase decepcionada por não encontrar um homem com pinta de caminhoneiro cheio de tatuagens. Essa doçura e fragilidade não combinam com esse ambiente decadente.

— Sou Cristina, a proprietária da casa.

— Olá! Eu sou Val.

— Susana me disse que você quer trabalhar conosco.

— Sim, eu gostaria.

— Onde trabalhou antes?

— Quer dizer, disso?

— Sim, claro. Em que outra casa você trabalhou antes? — insiste Cristina.

Não sei se minto ou digo a verdade.

— Nunca fiz esse trabalho. É a primeira vez.

Cristina e Susana me olham fixamente e vejo em seus olhos que não acreditam no que acabo de dizer.

— Tem certeza de que vai conseguir? — pergunta Cristina. — As garotas que trabalham aqui são muito profissionais.

— Posso tentar — respondo.

Meu tom é tão decidido que Cristina parece se convencer.

— Tudo bem — diz. — Susana, há algum vestido de noite no guarda-roupa que sirva na garota?

— Sim, mas acho que é de Estefanía. Se ela souber que pegamos, vai dar briga, Cristina.

— Vá buscá-lo. Eu me responsabilizo. Vou falar com Estefanía. Esta garota não pode aparecer com esta roupa diante de nenhum cliente.

— Vou começar agora mesmo?

Sinto-me meio apavorada.

— Você não queria trabalhar? — diz Cristina com um amplo sorriso.

— Claro que quero trabalhar! Mas não achei que ia começar tão cedo.

— É melhor, viu? Senão, até quando vai esperar? Tenho um cliente muito bom na sala, que vem toda semana. Quando ele gosta da garota, passa duas horas com ela. Então, aproveite. Ele paga 600 euros, e você fica com metade.

— Tudo bem!

Susana reaparece com um longo vestido vermelho e transparente, de decote generosíssimo, e a lingerie combinando.

— Experimente isto, querida, e depressa que o cliente está esperando — diz Cristina. — Eu disse a ele que tínhamos uma garota nova, uma modelo que está passando por Barcelona e que vai embora em poucos dias. Ele está a fim de conhecê-la.

— Tudo bem — respondo, já tirando a calça, sem pensar. — O que tenho que fazer com ele?

— Você saberá — responde Susana. — Ele é meio chato, porque já chega doidão. Mas, em geral, não quer uma relação completa, porque não consegue. Uma boa masturbação o fará feliz.

— Uma masturbação de duas horas? — pergunto, ingênua.

— Menina, duas horas não! — exclama Cristina, rindo. — Joguinhos, massagem, sei lá. Depende de você o inspirar. Ande, vista-se e não se preocupe que tudo vai dar certo. E passe um pouco de maquiagem, você está muito pálida. Os clientes adoram as mulheres bem arrumadas. Ao contrário das que têm em casa. Para que vão pagar por uma mulher que se parece com a esposa?

— Claro — digo enquanto ajeito o vestido.

A imagem que o espelho me oferece já não é tão diferente da de uma pessoa que costuma se arrumar quando vai a um encontro com um desconhecido. Tem mais a ver comigo mesma, mas meu coração continua batendo forte no peito, como se eu estivesse com medo.

— Como você está linda com este vestido! — diz Susana, chamando a atenção da proprietária.

— Está divina! — reforça Cristina. — Você tem um corpo muito bonito e tem que aproveitar. Talvez falte um pouco de peito, mas quando ganhar muito dinheiro, você opera!

Não me agrada esse comentário sobre meu peito, mas não pretendo deixar transparecer. Não é hora de discutir.

— Você pode ganhar muito dinheiro se fizer as coisas direitinho. Você vai ver, vai ficar muito à vontade conosco. Você parece uma mulher muito doce e simpática. Ande, vá, e depois conversamos.

Susana pega minha mão, como se eu fosse uma menina pequena. Retoca minha maquiagem e me leva para uma sala que não conheço ainda. A decoração segue a mesma tendência da do quarto onde estive primeiro. Há um sofá grande de tecido florido e em frente uma mesa de vidro, com pés de cobre em forma de folhas de videira, com algumas revistas *Playboy* em cima, abertas como se alguém as estivesse folheando. Uma poltrona combinando com o sofá jaz sozinha em um canto. Duas portas se comunicam com a sala. Uma pintada de branco e outra de correr, de madeira. Deduzo que esta última dá para outro quarto.

— Ali é uma suíte — explica Susana, orgulhosa, como se fosse a dona. — O cliente está lá dentro. Depois você a vê. Aqui fica o banheiro — e abre a porta pintada de branco para mostrá-lo. — Agora, sente-se que vou ver o cliente.

Ela bate suavemente na porta de madeira e a entreabre para que eu não possa ver o que há lá dentro. Desaparece, literalmente engolida por esse quarto misterioso. Ouço sussurros, e já começo a notar a presença masculina do desconhecido e sua voz impaciente por ter esperado demais. Minha pulsação está a mil.

Depois de alguns minutos Susana reaparece, corada.

— Não gosto de entrar nesse quarto — declara, rindo e cobrindo a boca com a mão. — O cliente está nu. Entre quando quiser, querida, ele acabou de pagar.

E me mostra o dinheiro que tem na mão.

— Depois lhe dou sua parte.

Ao sair da sala, ela me lança um olhar cúmplice. Fico surpresa quando diz:

— Divirta-se, querida.

Fico ali imóvel alguns segundos antes de bater na porta, prendendo a respiração. Não tenho medo de ir para a cama com um estranho. O que me assusta, na realidade, é não ser do agrado do cliente, que ele não goste de mim. Minha autoestima está realmente abalada. Para mim, seria um fracasso terrível ser rejeitada na primeira vez. Já decidida, bato rapidamente na porta, e a voz do desconhecido grita:

— Entre logo! Senão, passa o tempo e não fazemos nada.

Quando entro, ele está deitado de barriga para cima sobre a colcha, completamente nu. Não distingo bem seus genitais, o quarto está muito escuro. Parece um homem jovem, de uns trinta e cinco anos, no máximo. O que Susana chama de suíte consiste em um quarto com veludo vermelho nas paredes, cortinas pesadas que não deixam passar nada de luz natural e uma cama king size. Dos dois lados da cama há criados-mudos parecidos com a mesa da sala, decorados com duas estatuetas de bronze que representam mulheres nuas comendo uvas. A parede em frente à cama é toda de espelho, e dá inequivocamente a impressão de se estar em um dos famosos prostíbulos parisiense do século 19. Eu achava que os tempos haviam mudado e que essas casas eram mais modernas, que haviam deixado para trás o gosto tão duvidoso que as caracterizava.

— Deixe eu olhar melhor para você — diz o cliente, levantando-se da cama. — Você é nova, não é?

— Sim. Acabei de chegar.

— Todas dizem isso, e também que nunca trabalharam nisso. Mas, depois, as encontramos em todos os puteiros de Barcelona. Se bem que parece que você está dizendo a verdade. Não a conheço mesmo. Pelo menos não trabalhou em outro lugar, senão eu a teria visto. Vamos tomar um banho?

O cliente vai até a banheira no canto da suíte e abre as torneiras.

— Qual é seu nome? — pergunta ele enquanto põe a mão na água para checar a temperatura.

— Val — respondo sem sair do lugar.

— Que bonito! Nunca ouvi antes. Estrangeira, não é? — e acrescenta, quase de maneira imperceptível — Como todas, aliás.

— Sim. Sou francesa.

— Francesa e pouco falante. Tudo bem. Em geral, as garotas falam demais e dizem bobagens. Meu nome é Alberto. Venha, aproxime-se para que eu a veja melhor. Você parece supertímida.

— Não, não sou tímida. É que este lugar me parece estranho.

— Entendo — diz Alberto com ar complacente e entrando na banheira. — Tire a roupa e entre na banheira comigo.

Confesso que tomar banho de banheira com um desconhecido, em um lugar tão visitado, me dá um pouco de nojo. Mas que opção tenho? Se decidi fazer isso, tenho que fazer até as últimas consequências.

Tiro rapidamente a roupa, meneando suavemente meu corpo pálido prisioneiro da lingerie vermelha emprestada, para me animar diante desse desconhecido que não me desagrada, mas que, por ora, não me inspira absolutamente nenhum desejo.

— Uau! As francesas sempre são quentes. Dê essa rebolada na água.

Entro na água com ele. Está muito quente, e é meio difícil mergulhar. Mas Alberto me pega pela cintura e me atrai para si.

— Venha aqui. Quero senti-la perto de mim.

Ele começa a tocar meus seios, molhando-os com a espuma do gel de banho que jogou na banheira, e depois, embaixo d'água, seus dedos começam a buscar meu púbis. Ainda não sei como funciona esse tipo de relação, apesar de meu jeito liberal de ver as coisas. Acho meio aviltante essa situação: antes eu escolhia os homens que queria, e agora, minha opinião não vale nada. Eles é que vão escolher daqui em diante, e vão pagar por isso. O mais difícil de engolir é isso: que minha opinião não valha nada.

A luz é muito tênue, mas posso ler a excitação no rosto de Alberto. Para mim, é o contrário.

— Que tal se sairmos da banheira e formos para a cama? — digo de repente para acabar de uma vez com aquilo, levantando-me e tirando a espuma dos braços.

— Tudo bem! Mas, eu quero salsa — responde ele, levantando-se.

— Salsa?

— Sim, você ouviu: salsa.

— Ah, claro. Gosta de dançar?

— Não!

— Ah... — exclamo.

E sem pedir mais explicações, enrolo-me em uma toalha e vou buscar Susana para que ela ponha um CD de salsa.

Apenas uma hora depois de eu aparecer nessa casa, já estou com um depravado que, além de tudo, é viciado em cocaína.

Nunca gostei das drogas, de nenhuma. Mas durante minha estadia na Casa, quase diariamente tive que coabitar com elas.

Susana põe o disco que eu pedi, e quando compreendo o que Alberto queria dizer com salsa, vamos para a cama. Como vai acontecer em muitas outras ocasiões, nem tiramos a colcha. Alberto começa a cheirar a coca enquanto acaba o uísque que Susana lhe serviu ao chegar. *Que mistura explosiva!* — penso, meio angustiada. Seus olhos estão fora de órbita graças ao pó, e ele está de barriga para cima na cama, inerte.

Um pouco depois, ele pede que eu comece a trabalhar, mas como não há ereção nenhuma, é impossível colocar a camisinha. Uma coisa é certa: não pretendo fazer nada com um desconhecido sem preservativo.

— Isso não vai servir para nada — diz ele referindo-se aos preservativos que coloquei em cima do criado-mudo. — Não quero trepar. Só quero que você me chupe, não há perigo.

— Vamos ver o que dá para fazer — digo com embaraço.

Desapareço no banheiro ao lado da suíte fingindo uma vontade louca de fazer xixi; levo uma camisinha escondida na mão. No banheiro, tiro-a delicadamente da embalagem e a coloco na pontinha da língua. Molho-a pouco a pouco para que fique com a temperatura da saliva, com bastante cuidado para não rasgá-la com os dentes. Tenho a sensação de ter feito isso a vida inteira. Na realidade, meu cérebro está funcionando a mil por hora para encontrar uma solução para o problema da proteção. Não quero discutir com meu primeiro cliente. Seria um mau começo. Espero que minha estratégia passe despercebida.

De repente, ele grita meu nome e corro de volta para a suíte. Definitivamente, não vejo graça nenhuma em passar duas horas com esse indivíduo.

— O que você estava fazendo? O tempo está passando e eu paguei — faz-me recordar em tom de censura.

Não me atrevo a responder com medo de que ele perceba que tenho algo na boca. Contento-me a sorrir, e ele se acalma.

Quase duas horas fiquei cumprindo minha tarefa sem que ele notasse o segredo que meus lábios encerravam. *Funciona, funciona!*, penso, satisfeita com minha invenção de última hora.

No fim, Alberto vai embora do mesmo jeito que veio: cheio de coca na cabeça e sem ter conseguido uma ereção completa. E, eu, com 300 euros no bolso, fácil assim!

— O que você costuma fazer? — pergunta a proprietária com uma caneta na mão e uma cadernetinha com meu nome escrito.

Estamos na cozinha, porque o quartinho está ocupado por um cliente e Susana está limpando a suíte.

— O que quer dizer?

A pergunta é uma estupidez.

— Relações sexuais com homens, mulheres, boquete com camisinha ou sem, duplex, anal... É importante eu saber. Quanto mais coisas fizer, mais trabalho vai ter.

— Ah... Bem, com mulheres, sem problema. Boquete sempre com preservativo. E anal não faço.

— Que pena! Anal paga o dobro do preço, 300 euros a hora. E duplex?

— Duplex?

— Quando o cliente pede duas garotas.

— Ah, vocês chamam assim?

— Sim. Alguns clientes pedem duas garotas. É menos trabalho, porque são duas.

— Também sem problemas. Mas não conheço ainda as garotas. Imagino que é melhor que seja com uma garota legal, não é?

— Exatamente. Mas às vezes não dá para escolher. Quanto ao horário, há vários turnos. Ou você trabalha de dia ou de noite. Ou, se preferir, pode estar disponível 24 horas por dia. Se for trabalhar à noite, tem que chegar antes da meia-noite, senão, Susana não vai abrir a porta. De dia, pode chegar às oito. E, se pegar 24 horas, pode vir quando quiser, e quando estiver fora da casa, tem que ficar com o celular ligado. Isso significa que tem que estar sempre disponível. Se ligarmos para um serviço e não puder vir, daremos preferência a outra garota e saberemos que não podemos mais contar com você.

— Entendo.

— Se precisar tirar uns dias de descanso, é só avisar.

— Tudo bem! E quando eu estiver menstruada, o que faço?

Nossa conversa é interrompida por uma mulher cor de ébano que entra na cozinha com ar altivo, coberta por uma toalha minúscula que mostra as nádegas arrebitadas.

— Cristina, o cliente disse que quer outro tipo de música — diz a garota.

— Tudo bem, Isa. Já ponho outro CD.

Isa é lindíssima, mas silicone puro. Só de olhar percebo como me recebeu; está literalmente me fuzilando. Digo:

— Olá, sou nova aqui, meu nome é Val.

Isa vira a cabeça para o outro lado e sai da cozinha sem dizer nada.

— Não ligue — avisa a proprietária. — As garotas costumam se comportar assim no começo. Especialmente Isa. Cada vez que chega uma garota nova ela fica assim. É concorrência para ela, entende? Ela é legal, vai se acostumar com você. — E acrescenta: — Bom, voltando ao que interessa. Que horário quer fazer?

— Vinte e quatro horas, Cristina — respondo sem hesitar.

— Ótimo. Assim vai ganhar mais — diz ela sem me olhar, anotando em sua caderneta.

— E agora, o que faço? — pergunto.

— Pode ficar aqui ou voltar para casa. Mas as garotas que ficam aqui têm preferência. Quando vem um cliente, nós as apresentamos para que escolha. Se ele não gostar de nenhuma, chamamos as que fazem 24 horas. Temos um *book*, que mostramos ao cliente para que ele escolha as garotas. Você tem alguma foto para pôr no *book*?

— Agora não, mas vou procurar. Que tipo de foto?

— Artística. De rosto, de corpo. Mas elegantes, nada de vulgaridade. Somos uma casa de alto nível, entende?

— Sim, claro. Mas acho que não tenho esse tipo de foto.

— Então, se quiser trabalhar conosco e não perder clientes, eu recomendo que faça um *book* com um fotógrafo profissional.

— Tudo bem!

— Tem algum?

— Algum o quê?

— Conhece um fotógrafo profissional? — esclarece Cristina.

— Não. Mas posso arranjar.

— Tudo bem. Nós trabalhamos com um rapaz muito profissional, que também cuida do nosso site, se lhe interessar.

— Ah, é?

Estou surpresa de ver como essa gente é bem organizada.

— Sim. Quando chegam garotas novas, ele cuida do *book* durante um dia inteiro, fora de Barcelona. Eu vou junto para supervisionar.

— Legal, isso me interessa. Quanto pode custar um *book*, e quantas fotos vão tirar?

— Um bom *book* custa cerca de 800 euros, mas, para você, seriam uns 500 euros. São umas vinte fotos.

Ela fala como se fosse preço de banana!

— É caro, não acha? — digo eu, alucinada com o preço.

— Por fotos artísticas não é nada caro — responde Cristina, categórica.

— É que não estou muito a par do valor dessas coisas.

— *Book* é caríssimo. Mas é uma boa ferramenta de trabalho. E é imprescindível.

— Tudo bem. Vou fazer, mas deixe-me trabalhar um pouco para arranjar o dinheiro, e depois agendamos isso — digo, pensativa. — Acho realmente muito caro, e acabei de começar.

— Claro. Então, quer pegar um turno também? Manhã ou noite?

— Noite, mas vou ficar disponível 24 horas por dia, de modo que pode me ligar a qualquer hora quando eu estiver fora, certo?

— Certo. Posso contar com você, então?

— Sim, sim, mas hoje vou voltar para casa. Estou no celular, de qualquer maneira. Pode me ligar.

— Certo. Ah, à noite a gerente é outra. O nome dela é Angélica. É estrangeira, mas fala espanhol perfeitamente. Vou lhe passar seus dados. E, uma advertência: nunca diga, nem aos clientes nem às outras garotas, que é a primeira vez que está fazendo isto. Ninguém vai acreditar. E outra coisa: hoje você não fez porque não sabia, mas, das próximas vezes, depois de estar com um cliente em um quarto, troque os lençóis imediatamente. O resto Susana faz. Venha, vou lhe mostrar onde ficam os lençóis. E também as toalhas.

Saímos da cozinha enquanto Susana entra com os lençóis da cama em que estive com Alberto.

Vamos até a entrada e Cristina abre um armário de madeira. Vejo uma tonelada de lençóis empilhados em um canto. No outro canto há toalhas limpas, que cada garota vai pegando cada vez que precisa. Noto a presença de Susana atrás de mim. Ela nos segue, com o eterno cigarro aceso entre os dedos. Há outro armário no corredor, de onde escapa a alça de strass de uma blusinha que, com certeza, pertence a uma das garotas. Cristina vê o que estou observando.

— Se trouxer roupas suas, pode colocá-las aqui. Mas, cuidado! Parece mentira, mas as garotas roubam umas das outras.

— Ah, é? — exclamo muito surpresa.

Susana afirma com a cabeça. Voltamos para a cozinha, onde me mostra como funciona a máquina de café.

— Você pode tomar café, chá ou chocolate. Peça a Susana. Custa um euro. Certo?

— Tudo bem.

Bem, aqui se paga tudo! E ainda tenho que trocar os lençóis! Despeço-me de Cristina e de Susana e saio. Estou feliz por ter ganhado 300 euros em duas horas, e prometo a mim mesma que vou trabalhar feito louca nessa casa. E, apesar do nervosismo antes de encontrar o primeiro cliente, tenho a sensação de ter feito isso a vida inteira.

Miss Sarajevo

1º de setembro de 1999, à noite

Três da madrugada.

Passa um tempo antes de eu reagir; meu celular está tocando há uma eternidade.

— Alô? — atendo com voz de além-túmulo.

— Olá, Val, é Angélica, a gerente da noite da Casa — diz uma voz muito gentil do outro lado da linha. — Estava dormindo? Faz uns dez minutos que estou tentando falar com você.

— Ah, olá! Sim, mas sem problemas — digo, levantando-me de uma vez. Ao ouvir a palavra "casa", acordo logo. Não quero perder nenhum trabalho.

— Tenho um serviço para você. É um cliente muito bom de Barcelona. Australiano. Está esperando na casa dele em vinte minutos. Ele paga 300 euros mais o táxi, e, se gostar de você, vai querê-la toda semana.

— Ótimo! Onde ele mora? — pergunto, procurando rapidamente uma caneta para anotar.

— Anote.

Enquanto Angélica vai ditando o endereço, penso no que vou vestir.

— Quando estiver com ele e receber o dinheiro, ligue-me. E também quando sair da casa dele. Depois, venha diretamente me trazer o dinheiro, entendeu?

— Sim, sem problemas — respondo. — Como se chama o cliente?

Essa informação me parece de vital importância.

— David.

E desliga.

Angélica me parece muito simpática e profissional. Gostei dela, e estou ansiosa para conhecê-la.

Tomo um banho rápido, chamo um táxi e em quinze minutos já estou a caminho da casa de David.

O edifício ficava na Zona Alta a região mais sofisticada de Barcelona. É um prédio fenomenal.

— Entre! — ordena uma voz que sai do interfone e ecoa pela rua vazia.

Estou cara a cara com um homem muito jovem, baixinho, de óculos redondos que lhe dão um ar muito intelectual. Não é muito bonito, mas parece gentil e sensível. Ele sorri e me deixa entrar imediatamente. O apartamento é bonito, mas não tem muitos móveis, o que me faz pensar que deve ser solteiro e não tem tempo nem vontade de decorar a casa.

— Você é nova? — pergunta depois de me convidar a sentar ao seu lado em seu sofá azul.

— Sim — respondo, retribuindo seu sorriso. — Dá para notar, não é?

— Não, não é isso. É que uso essa agência todas as semanas e nunca a vi antes. Por isso deduzi que fosse nova. Desde quando trabalha lá?

— Desde hoje à tarde — digo, observando a biblioteca cheia de livros e CDs.

— Angélica me disse que você é francesa. Isso sim dá para notar — comenta ele, rindo.

— Sim. E você é australiano, não? Fala muito bem o castelhano — acentuo enquanto ele se levanta para ir buscar alguma coisa.

— Podemos falar francês, se quiser. Estudei alguns anos. Se bem que às vezes me falta vocabulário — e solta de novo uma risadinha.

Rio também, de boa vontade. Ele parece supersimpático. Mas pequeno demais para meu gosto.

Põe os 300 euros em cima da mesa da sala e me sugere que conte as notas.

— E agora, ligue para a agência para dizer que está tudo bem. Senão, vão brigar com você.

— Estou vendo que você sabe como funciona — digo enquanto vou digitando no celular o número da casa.

Angélica atende rapidamente.

— Tudo bem? — pergunta, como se estivesse só esperando minha voz do outro lado da linha.

— Sim. Tudo bem.

— Perfeito. Ele tem uma hora. Quando sair, ligue-me para dizer que já acabou.

David me mostra o dormitório, e a partir de então para de falar. Na verdade, eu prefiro, porque também não tenho muito a lhe dizer. Ele começa a me despir, e fico surpresa ao ver como me trata bem. Sempre pensei que os homens que pagam para ficar com uma mulher nunca fazem amor direito, e são desajeitados na hora de fazer carícias. Pois me enganei, porque não é o caso dele, em absoluto. Decido me deixar levar e esquecer por que estou ali.

Ele me dá beijinhos por todo o corpo, nas nádegas, pés, sobe de repente para morder minha nuca e desce de novo.

Descubro um corpo pequeno, e genitais proporcionais. Mas não importa. Ele está me fazendo gostar muito. No criado-mudo há óleo de massagem, e ao ver que estou olhando, sem dizer nada ele o pega e me faz virar de bruços para massagear minhas costas. É fantástico. David sabe massagear como um verdadeiro profissional. A sensação é tão divina que eu não me importaria de acordar toda noite às três para estar com ele.

Desço das nuvens uma hora depois, com marcas pelo corpo todo e um beijinho suave na boca. Quando pego o elevador, sinto-me leve, e ainda por cima ganhei dinheiro.

Nem posso acreditar!

Ligo para Angélica, como ela pediu, e pego um táxi. Em quinze minutos estou na Casa. É um verdadeiro prazer andar pelas ruas de Barcelona a essa hora. A cidade está completamente vazia. Ao chegar, Angélica desce para abrir a porta de entrada do edifício, que fica sempre fechada à noite, por medidas de segurança.

Depois de me cumprimentar com um sussurro, para não acordar a vizinhança, ela me convida a subir.

É uma mulher impressionante. Altíssima, cabelo vermelho, olhos azuis enormes e um rosto leitoso. Não parece gerente. O único defeito é que é varonil demais para meu gosto.

Vamos direto para a cozinha.

— Temos um cliente na suíte, e no outro quarto as garotas estão dormindo — explica ela.

E me pega de surpresa com dois beijos no rosto.

— Sou Angélica. Bem-vinda à casa!

O tratamento me parece um pouco estranho, meio exagerado; afinal de contas, é a primeira vez que nos vemos.

— Está com o dinheiro? — pergunta ela abrindo um caderno com os nomes das garotas, as horas de trabalho e os valores.

— Sim. Tome, 300 euros.

— Muito bem. Aqui a sua parte, 150 euros. E escreve "um" ao lado do meu nome.

— Como foi com David? — pergunta, observando, divertida, as marcas vermelhas que tenho no rosto.

— Como vê, muito bem. Ele é um amor, e precisa de muito carinho.

— Sim. Todas as garotas adoram quando têm que ir atendê-lo. Se todos fossem como ele... Quer tomar alguma coisa? Eu lhe convido.

— Preciso de um café. Agora estou morrendo de sono — respondo com um bocejo.

Angélica começa a preparar o café na máquina e depois faz um chocolate para ela.

— Obrigada — digo, soprando o café para que esfrie.

— Cristina me disse que você vai fazer horário de 24 horas. Vai ganhar bastante dinheiro. E quando vai dar plantão?

— À noite, acho. Não sei, imagino que vá depender do trabalho que houver, não?

— Depende do dia. Às vezes se trabalha mais durante o dia, às vezes mais à noite. Mas se estiver sempre disponível, vai trabalhar muito, você vai ver.

— Quantas garotas há aqui? — pergunto, curiosa.

— Muitas, mas nem todas vêm. Algumas só trabalham pelo *book*, e as chamamos quando não há ninguém disponível. Para você ter uma ideia, esta noite seis estão dando plantão.

É quando entendo que ela me privilegiou, porque podia ter mandado qualquer garota que estivesse ali. É curioso, porque a casa parece vazia, nem um barulho, nem um rumor. Todas devem estar dormindo no outro quarto.

— As outras não vão se incomodar porque eu fui atender David?

— Não se preocupe, ele sempre quer garotas novas. E das que estão aqui hoje, todas já estiveram com ele. E também, elas não têm por que saber!

— Então, não me preocupo.

— O que quer fazer? Ficar aqui ou voltar para casa e fazer o turno da noite amanhã?

— Prefiro voltar para casa. Preciso me acostumar a esse novo ritmo.

— Como quiser.

— Obrigada, Angélica.

Depois de me despedir dela e entrar no táxi, noto que está começando a amanhecer. Fico encantada com a luz que começa a iluminar a cidade. O ar está limpo, e estou muito feliz por poder notar de novo essas pequenas coisas. Fazia muito tempo que eu não curtia um momento de serenidade assim. Além do mais, em pouco menos de 24 horas ganhei 450 euros, e passei ótimos momentos com David. Tomara que as coisas continuem assim!

Cuidado, estamos sendo vigiados!

2 de setembro de 1999

Dormi boa parte da manhã. Quando acordei, já tinha vontade de ir para a Casa, para saber se havia trabalho. Mas não houve nenhuma ligação o dia todo.

Resolvo sair às onze e meia da noite, como me recomendou Cristina, com uma sacola cheia de roupas de noite. A porta do edifício ainda está aberta, de modo que subo direto para o apartamento de Cristina, e Susana abre a porta.

— Olá, querida! Chegou cedo hoje! A maioria das garotas da noite chega quase à meia-noite, cinco minutos antes de trocar o plantão. Você vai fazer o mesmo quando começar a se encher — diz Susana com seus olhos redondos.

— Cristina disse que se eu não chegasse antes da meia-noite, não ia poder entrar.

— Sim, esse é o regulamento. — E acrescenta, mudando de assunto: — Ainda há meninas do turno do dia. Logo elas vão embora, e eu também. Venha, vou apresentá-las.

O regulamento! Parece um convento!

Vamos para a sala (sinal de que não há nenhum cliente, senão, estaria fechada, pois tem comunicação direta com a suíte), de onde saem umas vozes, e de vez em quando uma gargalhada.

Três garotas estão sentadas no sofá e uma no chão. Surpreendentemente, todas têm um tipo de corpo diferente. Reconheço Isa, a mulata que no dia anterior não me cumprimentou. Tem cabelos até os ombros, lábios bem carnudos e um nariz pequenininho, operadíssimo. Está vestindo um conjunto de couro bege claro que acentua o tom canela de sua pele. O decote deixa entrever peitos enormes, de silicone, claro, como me informaria mais tarde, com desdém, outra garota. Consegui "domesticar" Isa com o tempo. Chegamos a ter conversas surrealistas sobre a loucura das pessoas.

— Todo mundo é louco, sabia? Todos loucos. E os homens, então... São malucos. É preciso ser louco para pagar uma mulher para transar! — diria ela sem parar.

De fato, era a única coisa que ela sabia dizer. Nunca teve outro tipo de conversa. E me fazia rir demais, ao mesmo tempo dando-me pena.

Quando ganhava dinheiro, gastava tudo em roupas. Após um dia de muito trabalho, chegou a gastar quase mil euros. Diz a todo mundo que tem 29 anos, mas, na realidade, já fez 42 — não parece porque ela operou tudo. É a mais antiga da casa, e isso a faz achar que tem mais direitos em relação às outras garotas, de modo que faz cara feia para cada colega nova que aparece.

Hoje sou eu a nova, e ela mal me olha. Mas eu já esperava, depois do episódio da véspera.

Depois, noto uma ruiva impressionante, altíssima, com um cabelo liso e comprido que chega até os quadris. No começo acho que Estefanía é sueca, mas depois me dizem que é espanhola, e de Valladolid! Ela não me faz nenhum comentário sobre o vestido vermelho que peguei emprestado para atender ao primeiro cliente. Com certeza Cristina cuidou do assunto. Estefanía tem um rosto angelical e olhos azuis cheios de doçura. Faz este trabalho para sustentar um homem muito mais velho que ela, que não trabalha porque não quer. Não sei mais nada dela porque é muito discreta e evita ao máximo falar de sua vida. Cumprimenta-me com um sorriso. Com o tempo, vai mostrar ser a mais esperta de todas; só fala em poucas ocasiões e se limita a sorrir o tempo todo. Com ela vou aprender que falar nesse tipo de lugar é a pior coisa a se fazer.

Mae também é espanhola, das Astúrias; loura, de cabelo curto e longas pernas. Tem ótima aparência, mas exala antipatia por todos os poros da pele.

De cara sinto que vou ter que tomar cuidado com ela, porque parece uma verdadeira víbora. Vangloria-se de sempre ter sido modelo. Vê-se que não devia ganhar muito dinheiro na profissão... Tem muitos pretendentes e vive claramente de homens, inclusive fora da Casa. Desaparece por uns tempos porque vai tendo casos com homens que a sustentam. Quando o dinheiro acaba e a relação também, volta para a Casa como um cachorro abandonado. Tem ares de madame, mas é, em minha opinião, a mais vulgar de todas.

Cindy, uma portuguesa de olhos pretos, é a única que me dirige a palavra quando me apresento. É a bruxa do limão e dos fósforos que jazem na entrada do apartamento. Seu cabelo é preto azulado, muito brilhante e liso, e tem um corpo muito musculoso.

— Olá! Você é francesa, não é? — pergunta.

— Sim. Meu nome é Val.

— Muito prazer — diz, estendendo a mão para me cumprimentar.

Sua educação extrema contrasta com o contexto e o vestido vulgar que usa. Mas atribuo isso a seu pouco conhecimento do castelhano. De fato, ela fala mal o idioma e se expressa num portunhol macarrônico. Por isso, repete as poucas frases de cortesia que aprendeu, alternando-as com frases muito vulgares, o que me faz pensar que trabalhou na rua. Com ela, sei que tenho uma amiga na Casa. Vamos sempre nos dar bem. Cindy faz o turno do dia e da noite porque tem grandes problemas financeiros.

— Tenho uma filha para alimentar, puta que pariu! — repete sem parar.

E eu caio na gargalhada toda vez, porque se pretende uma grande dama, mas com esse toque final de vulgaridade acaba se transformando numa figura totalmente surrealista.

À minha frente estão as quatro garotas mais antigas da casa. Susana me faz um sinal para que a acompanhe de novo à cozinha.

— Querida, não precisa brigar com nenhuma garota, combinado? Elas sempre têm problemas entre si, por isso a aconselho a não se meter nas histórias delas. Digo isso para o seu bem — insiste Susana, como se eu a estivesse contrariando —, você vai me agradecer um dia, pode acreditar! Se acontecer qualquer coisa, fale comigo ou com a Cristina, que ela é a chefe.

— Tudo bem— digo sem pestanejar.

De repente, ouvimos gritos que vêm da sala. É Isa.

— Com certeza alguma puta aqui roubou minha jaqueta Versace! — grita, histérica.

— Nós? — diz Mae. — Puta é você, sua louca. Eu posso comprar todas as jaquetas Versace que quiser, imbecil!

— Ah, é? Pois minha jaqueta desapareceu depois que vocês chegaram — insiste Isa.

Susana sai correndo da cozinha.

— O que está acontecendo aqui? — pergunta ela com o eterno cigarro na mão.

— Roubaram minha jaqueta Versace — explica Isa. — Com certeza foi uma delas.

Eu observo com a sacola de plástico bem firme nas mãos, com medo de que, de repente, saia um ladrão de um canto qualquer.

— E o que a faz pensar que alguém roubou? — pergunta Susana.

Nesse momento, toca o interfone.

— Um cliente! Vão para o quarto se arrumar. E chega de brigas! — ordena Susana. E olhando para mim, acrescenta: — Você também!

Entramos no quartinho para trocar de roupa. Tiramos de nossas sacolas a roupa que vamos usar para trabalhar, até que Isa começa a olhar fixamente para a minha, e logo adivinho seu pensamento.

— Deixe-me ver sua sacola — diz ela em tom seco.

— Minha sacola? — repito indignada. — Por que quer ver minha sacola? Você não está pensando que eu...

Ela me arranca a sacola das mãos e esvazia o conteúdo em cima da cama.

— Eu não admito que... — digo irritada.

— Se não foram elas, quem mais seria? — pergunta, certa de encontrar sua jaqueta ali.

Mas a jaqueta não está lá.

— Viu como não peguei nada?

— Ora — exclama Cindy —, como pode pensar que essa pobre garota, que acabou de chegar, ia roubar sua jaqueta?

— Eu não pedi sua opinião! — explode Isa, e me joga a sacola de plástico quase no rosto. — Além do mais, ela não acabou de chegar. Ontem à tarde roubou um cliente meu.

Penso sinceramente que estou sonhando. Quero intervir para me defender, mas Cindy não me deixa falar.

— O que você está pensando? — berra Cindy. — Que os clientes são seus? Pelo amor de Deus, os clientes são da casa, Isa, da casa! Está entendendo?

Começo a me sentir muito mal nesse ambiente.

— Há galinhas demais neste galinheiro — acrescenta Isa. — Como sempre!

— Ah, mas claro! — intervém Mae em um tom desagradável. — Você gostaria de ficar sozinha para trabalhar. IMPOSSÍVEL, entende, peito de silicone! Nós também temos direito de trabalhar.

— Prefiro ter seios de silicone que o peito caído que você tem. Vá à merda! — diz Isa, para acabar com a discussão.

Quando tenho certeza de que vão se pegar, chega Susana para pôr ordem na casa.

— Chega, dá para ouvir vocês até na rua. Andem, arrumem-se que um cliente quer ver todas vocês agora.

Essa noite, decido usar um quimono chinês preto lindíssimo. Não é vulgar nem sofisticado demais. É perfeito. Mas ainda não tenho nem ideia de como me apresentar, e além do mais, estou muito abalada pela cena que acabei de ver.

— Calma! — diz Cindy, recuperada de tantas emoções. — O cliente não vai engolir você.

Isa sai primeiro, como uma diva. Entra na sala e volta logo. Eu sou a segunda. Quando entro, encontro um garoto com o rosto cheio de acne, meio constrangido. Sorrio.

— Olá! Meu nome é Val, e sou francesa — digo, estendendo a mão como uma estúpida.

O garoto nem sequer me olha, e entendo que não vai me escolher. Depois que todas acabam de se apresentar e ficamos sabendo que Estefanía é a escolhida, Cindy me pergunta como me apresentei.

— Menina, não me estranha que não tenha escolhido você, caralho! — exclama. — Você tem que seduzir o cliente. Dê-lhe dois beijinhos, mas não a mão.

— Ah, é?

— Claro! Senão ele se acovarda, entende? Você tem que se vender. E evite usar calça. Use saia, e, se for curta, melhor.

É curioso. Sempre que quis ficar com um homem que cruzasse comigo na rua, ou em qualquer outro lugar, nunca tive problemas para levá-lo para a cama. Aqui tudo é diferente. Primeiro, são várias garotas, portanto, uma concorrência evidente. Mas, além de tudo, fico meio constrangida. Não me atrevo.

— Se quiser fazer este trabalho e ganhar dinheiro, tem que ser a mais p... de todas — explica Cindy.

E acho estranho que não queira pronunciar a palavra.

— Por que está lhe dando conselhos? — pergunta Mae enquanto tira a maquiagem. — Ela que se vire sozinha! Já é bem difícil fazer este trabalho, e ainda por cima você fica ensinando truques às novas para que roubem nossos clientes?

Cindy se faz de desentendida e se dirige a mim de novo.

— Entendeu? — repete.

— Sim, Cindy. Obrigada pelo conselho.

— De nada, mulher!

E se estica na cama, enquanto Mae recolhe suas coisas e vai embora sem se despedir. Estamos de novo só as três, Cindy, Isa e eu. Tiramos a maquiagem, e decido dormir um pouco. Não fiz nada, no entanto, estou esgotada.

Estamos dormindo as três, desconfortáveis, no quartinho, quando Angélica abre a porta. Levanto-me assustada. Estava dormindo profundamente.

— Isa, levante-se! Você tem um serviço em um hotel em vinte minutos. Já chamei o táxi, por isso, depressa!

E fecha a porta de novo, enquanto Isa começa a se arrumar. É terrível acordar no meio da noite. Pior ainda ter que levantar, maquiar-se e se vestir. Mas Isa se levanta sem reclamar. Olho o relógio. Três horas da manhã. Meu Deus, quem decide ligar a esta hora para pedir uma garota? Olho em volta e vejo Cindy, que não se mexeu e está roncando a plenos pulmões. Nenhum sinal de Estefanía. Deve estar com o mesmo cliente na suíte. Enquanto Isa acaba de se arrumar, decido me levantar, porque não consigo dormir de novo. Vou de pijama para a cozinha para conversar com Angélica.

— Olá, Angélica! — digo com voz rouca.

Ela está fazendo as unhas.

— Olá! Que foi? Não consegue dormir? Como foi hoje? — pergunta, levantando a cabeça por alguns segundos para depois se concentrar de novo nas unhas.

— Até agora, nada — comento. — Nada de nada!

— Não se preocupe, quando voltar para a cama, vai tocar o telefone outra vez. É sempre assim. O trabalho chega quando menos esperamos. Esta é uma atividade imprevisível — diz com cara de desgosto.

Isa aparece no canto da porta toda arrumada, e o taxista toca o interfone.

—Hotel Princesa Sofía. Quarto 237. Mr. Peter. Ligue quando chegar.

Isa pega o papelzinho que Angélica lhe entrega e sai sem fazer nenhum comentário.

— Estranha essa garota, não acha? — pergunta Angélica.

— Sim. Já houve confusão com ela hoje.

— Sim, Susana me contou. Enfim, é uma coitada. Tem dois filhos no Equador, sabia?

— Ah, é? — digo estupefata.

— Sim. Mas não os vê. Não entendo... ela é a garota que mais trabalha na casa, ganha um monte de dinheiro e não quer trazer os filhos para a Espanha. Como mãe, o que posso dizer? Não entendo!

— Você também tem filhos?

Seu rosto se ilumina de repente.

— Um filho lindo — responde. — E você?

— Não, ainda não.

— Então você não faz este trabalho porque tem filho para criar? Melhor!

Para minha grande surpresa, não me pergunta por que me meti nisso. Sinto-me quase obrigada a lhe dar uma justificativa, quando aparece Estefanía, com o rímel borrado e cara de sono.

— Ele pagou outra hora. Tome o dinheiro — diz a Angélica.

— Ótimo! Que noite, menina!

— Sim. Mas estou de saco cheio.

E sai sem dizer mais nada.

— Essa garota trabalha! — exclamo.

— Ela e Isa são as que mais trabalham. Ela vem de terça a sexta, e fica na casa 24 horas por dia. Terrível, não é? — explica Angélica, visivelmente comovida com a situação.

E pergunta de repente:

— E sabe o que é pior?

— Não.

— Ela faz isso para sustentar um sujeito que passa o dia todo vagabundeando, percebe?

— Não entendi. É o cafetão dela, então?

— Se ela trabalha aqui e ele vive dela, pode-se dizer que é o cafetão, sim — responde Angélica, indignada.

— Bom, todas nós já sustentamos um homem em algum momento da vida — acrescento, rememorando meu drama pessoal.

— Eu não! Essas pobres garotas trabalham como loucas vendendo o corpo, pelo menos que ganhem o dinheiro para si mesmas, não acha? — e se surpreende ao levantar a voz. — Tenho que falar mais baixo, aqui as paredes têm ouvidos.

— O que quer dizer? — pergunto, muito surpresa.

— Os donos — diz Angélica, quase sussurrando dessa vez.

— Os donos? Que foi? Há microfones aqui e eles nos gravam? — digo quase rindo.

Tenho certeza de que ela está brincando comigo.

Angélica se assusta de repente e põe um dedo sobre meus lábios.

— Psiu! Eles podem escutar. Sim — continua sussurrando —, há microfones em todos os aposentos, menos aqui na cozinha. E também registram todas as chamadas telefônicas.

— O quê? — dou um pulo, aterrorizada.

— Sim. As garotas ainda não lhe disseram? É para controlá-las, para que elas não passem seus telefones aos clientes. E o telefone está grampeado, para ver se nós, as gerentes, fazemos nosso trabalho direito. Coisa de filme, não é?

— Pior! — acentuo. — Acho uma barbaridade e uma violação da privacidade das pessoas! Como podem controlar desse jeito? Além do mais, se a garota quiser dar seu telefone a um cliente, quem a poderia impedir?

— É claro! — afirma Angélica. — Se você tem um serviço em um hotel, pode fazer o que quiser. Precisa ter muito cuidado com o dono, Manolo. A mulher dele, Cristina, é um encanto, mas ele...

— Ainda não o conheço.

— É horrível! Tem uma pinta de caminhoneiro que você não acredita. Eu o chamo de sujeito "básico"; entende o que quero dizer? É vulgar e superagressivo. Você vai conhecê-lo. Eles fazem um joguinho: ele dá as broncas e ela consola. Mas controlam todas as garotas, como se fossem pais delas.

Finalmente! Por fim aparece o famoso caminhoneiro chulo que imaginei! E, ainda por cima, "básico"! O assunto promete.

— Você vai poder confirmar que tudo que digo é verdade. Mas, por favor, não conte a ninguém que eu falei, certo? — pede Angélica com voz preocupada. — Não quero perder este emprego. Estou mal de dinheiro e faço algumas coisas durante o dia. Mas este emprego me põe comida na mesa, entende?

— Sim, claro. Não se preocupe. Vou para a cama, estou ficando exausta.

— Ah, e outra coisa — o rosto de Angélica fica mais sério que o normal. — Não confie em Susana, a gerente do dia. Ela é louca.

— Tudo bem. Obrigada por me avisar — respondo bocejando e sem dar muita importância ao comentário.

E saio para ir para a cama outra vez, perguntando-me por que Angélica acaba de me fazer tantas confissões sem me conhecer. Acho muito estranha a situação, mas uma coisa é certa: coisas acontecem por aqui, e tenho que andar com cuidado. Manolo, os microfones, Susana... Parece coisa de novela. Também não posso pedir demais; estou em um prostíbulo, afinal. E, no fundo, isso faz minha adrenalina subir. Por fim, depois de muito tempo, está acontecendo algo em minha vida que eu mesma escolhi. E isso é o mais legal de tudo.

Abro a porta da quarto com muito cuidado para não acordar Cindy. Mas ela continua na mesma posição, de lado, roncando como um bebê. Acho que nada pode tirá-la de seu sonho. Deito-me novamente e consigo dormir, até que Angélica entra de novo no quarto. Acende a luz, como fez da primeira vez, e me acorda.

— Você fala bem inglês? — pergunta, chacoalhando meu ombro.

— Sim, muito bem.

— Então, levante. Tenho um cliente no Juan Carlos que quer uma europeia que fale inglês.

Levantar outra vez! Vou morrer! Mas, o pior de tudo é ter que me arrumar. Como vou fazer para apagar essas marcas de sono atrasado debaixo dos olhos? Já não estou mais achando graça. E é a primeira noite que durmo na Casa.

— Vou chamar um táxi, ande, depressa! — insiste Angélica. — Tome! São os dados do cliente. Sam, quarto 315. Ele paga 400 euros por uma hora.

Cindy levanta levemente a cabeça ao ouvir o preço, e quando vê que estou me arrumando, solta um "Boa sorte!" e volta a dormir. Já descobri o que tira Cindy de sua letargia. O dinheiro. A seu lado Estefanía está deitada. Nem sequer a ouvi entrar no quarto. Está dormindo já, e nem se mexe.

Quantas cabem nessa cama? No futuro, chegaremos a dormir em cinco nessa mesma cama. Cinco garotas, um recorde!

São cinco da manhã, e imagino que o cliente que me coube esta noite deve estar realmente faminto para ligar a uma hora dessas.

Desço as escadas sem fazer barulho e constato, com raiva, que o taxista ainda não chegou. Ali embaixo, alguns clientes de uma boate de strip-tease saem bêbados. Tentam chamar minha atenção, mas não lhes dou bola. Entre nós há um mundo de distância. Eu me sinto importante. Vou fazer sexo com um homem que paga 400 euros, em um hotel de luxo. Cinco estrelas. E, com um pouco de sorte, vou me divertir. Quando me surpreendo pensando nisso, sinto-me ridícula. É só uma questão de preço. O taxista chega, por fim, e quando lhe dou o endereço, logo entende o que faço da vida. Vejo-o me observar pelo retrovisor do carro; tenta puxar conversa. Mas eu me limito a sorrir e ficar calada.

Quando chego ao hotel, vou diretamente para os elevadores, com muita segurança, sem olhar para os recepcionistas para evitar que me perguntem qualquer coisa. Agindo assim pareço uma hóspede. Ninguém me pergunta nada, e subo direto para o terceiro andar.

Quando o cliente abre a porta, vejo um homem altíssimo, moreno de pele. Parece indiano, e suas feições asiáticas logo me seduzem. Sua túnica branca lhe dá um ar enternecedor e simpático.

—Olá, você é Sam? — pergunto em inglês, retribuindo seu sorriso.

—Sim, você deve ser a garota da agência — ele responde também em inglês.

—Sim. Meu nome é Val. Muito prazer.

Ele me faz entrar; no criado-mudo o dinheiro já está separado.

—Pode pegar — diz. —É seu!

— Ok, muito obrigada. Posso ligar para a minha agência para dizer que está tudo bem?

— Claro!

E desaparece no banheiro.

Ligo para Angélica e depois começo a tirar a roupa. Sam reaparece e diz que posso ir ao banheiro, se quiser. Coisa que também agradeço. Enquanto vou, Sam me serve um pouco de vinho tinto tirado do frigobar.

Passo um tempo muito agradável com ele. Sam é muito doce, e embora eu não tenha nenhum orgasmo, é gostoso. Ele é extremamente carinhoso e não se cansa em me fazer carícias. No fim, Sam me dá uma gorjeta de 100 euros e seu cartão de visita, caso eu precise de qualquer coisa, e promete que irá contratar meus serviços sempre que voltar a Barcelona. Tenho que sair quase correndo, porque Angélica me liga para avisar que passei da hora. Esqueci completamente do tempo.

— Comigo tudo bem — diz Angélica —, mas se fizer isso com Susana, vai ser um problemão. Procure sempre controlar o tempo. Senão, pensam que você fica com o cliente, que ele paga a mais e você volta com o dinheiro só de uma hora, entende?

Volto pra Casa às sete da manhã, pago a Angélica, mas não comento nada da gorjeta, nem do cartão do cliente. E volto para a cama.

Manolo, o caminhoneiro

3 de setembro de 1999

Nove da manhã.

Acordo com uns barulhos terríveis e os gritos de um louco furioso. Não há ninguém mais na cama além de mim e um monte de lençóis amassados amontoados em um canto. Levanto-me e vou direto para a cozinha para fazer um café. Um moreno, de costas largas, bermuda e uma pochete na cintura, prestes a explodir de tão cheia, está ali. Usa um par de mocassins que formam uma combinação estranha com a bermuda. Em sua camiseta verde safári lê-se em grandes letras pretas: "I love Nicaragua". Parece furioso, e Susana está vermelha como um tomate. O homem me olha fixamente durante alguns segundos, como se eu fosse uma intrusa. De fato, não nos conhecemos, mas adivinho, por esse jeito tão descuidado de se vestir e a violência que se vê em sua fisionomia, é Manolo, o proprietário. É do jeitinho que Angélica o descreveu. Ao que parece, sou a única garota que resta na casa, e esse fato faz com que, de repente, eu me sinta em perigo diante desse homem. Todas evaporaram em um passe de mágica.

— E você, quem é? — Manolo quebra o gelo.

— Olá, sou Val. Sou nova aqui. Comecei a trabalhar há dois dias.

— Ah, sim! Minha mulher me contou que havia uma garota nova. Olá, eu sou Manolo — diz, chacoalhando desajeitadamente minha mão como sinal de boas-vindas.

Não me olha nos olhos quando lhe dou a mão. Parece ter outras coisas na cabeça. E, de fato, comenta:

— Eu estava dizendo a esta estúpida da Susana que não quero mais briga entre as garotas. Ela é a gerente e responsável por controlar para que tudo corra bem, não acha?

Como pode pedir minha opinião na frente de Susana? Não me parece correto. Mas como vou dizer a esse homem tão "básico" o que é correto ou não? Limito-me a ficar olhando para ele. Nas poucas horas que se passaram, percebo que tem trabalho aquela que cair nas graças da gerente. Se eu me indispuser com Susana, com certeza ela nunca vai me chamar durante o dia para um serviço.

— Entendeu, estúpida! Estou de saco cheio de que as garotas liguem para minha casa para se queixar. Ou você faz seu trabalho direito, ou vai para o olho da rua!

Manolo é muito vulgar. E não o entendo. Por que essa gente sempre se encaixa tão bem no modelo de chulo, agressivo e vulgar que tenho em mente? Se Susana é louca, como comentou Angélica, não me parece estranho. Com um chefe assim, qualquer um acabaria mal dos neurônios.

A partir desse dia opto por manter uma atitude totalmente asséptica na presença de Manolo, para não me contagiar com seu jeito de ser.

Preparo um café, pago o valor dele a Susana e vou para a sala para ficar sozinha. Do andar de baixo vêm umas marteladas terríveis, e Manolo sai furioso da cozinha. A verdade é que o barulho é tanto que pode enlouquecer qualquer um.

— Vão derrubar o maldito edifício se continuarem assim! — grita Manolo.

Susana o segue como um cachorrinho, com o cigarro na mão, esquecendo os maus-tratos psicológicos de seu chefe. Imita cada movimento dele.

— É assim todos os dias — explica ela.

— Quero que acabem com essas malditas obras agora! Vou descer para ver quanto demoram ainda.

— Tudo bem.

Manolo se volta para Susana, e, apontando o dedo no rosto dela, diz:

— Que seja a última vez que acontecem essas confusões aqui. Senão, para o olho da rua, entendeu? Para o olho da rua!

— Sim, Manolo — responde Susana com voz tímida.

A seguir ele me olha, fazendo um sinal com a mão para se despedir.

— Nada agradável, não é? — comento com Susana, com voz cúmplice.

— Sempre há problemas aqui. Mas ele tem razão. Não posso deixar que as garotas liguem para ele à noite para falar de suas misérias.

E me olha de um jeito estranho, de soslaio, como se suspeitasse de mim. Curiosamente, Susana não está irritada com Manolo. Parece ter uma atitude estranhamente masoquista.

Batem na porta. É um cliente, e Susana o faz entrar rapidamente na sala, enquanto eu corro e me escondo no quartinho, com o café nas mãos. Depois de um tempo, ela vem e diz para eu me arrumar, visto que sou a única garota que ficou na casa.

— Não posso aparecer assim, Susana. Você viu minha cara? Estou com olheiras e morrendo de sono. Preciso ir para casa descansar.

— Ah, minha querida! O que está me dizendo? Achei que você queria trabalhar.

— Sim, claro que quero trabalhar. Mas quando estiver bem.

— Arrume-se, passe maquiagem e vá ver o cliente. Ele é quem vai decidir se sua cara está boa ou não.

Não me atrevo a lhe dizer nada; não por covardia — podia ter dito uma meia dúzia de coisas a esta mulher —, mas porque não quero criar confusão. Quero trabalhar, é verdade. De modo que vou me arrumar.

Tal como prognostiquei, minha cara não agrada o cliente.

Ele me cumprimenta e pede para ver o *book*, porque eu não o convenci.

— Viu? — digo a Susana enquanto ponho uma calça jeans.

— Pode ir para casa. Estefanía já vai voltar. Acabei de ligar para ela, estava tomando o café da manhã fora. Com certeza ela vai ficar com o cliente. Não sei o que você andou fazendo para ficar com a cara desse jeito — diz ela me olhando de soslaio.

Depois de ouvir essa frase entendo por que as garotas são tão vaidosas e não param de comprar coisas e de passar o dia todo na frente do espelho. Com comentários assim, uma pobre garota pode cair em depressão, passar a vida em um centro cirúrgico e acabar com a autoestima no chão. Mas, como a minha já está no limite mais baixo, não lhe dou ouvidos. Pego minhas coisas e vou para casa.

Esponja do mar

4 de setembro de 1999

Ontem à noite não fui trabalhar porque fiquei menstruada. Estava péssima, e fiquei na cama o dia todo.

Lá pelas onze da manhã, recebi uma ligação de Cristina, a dona, que queria saber como eu estava e também para marcar com o fotógrafo para fazer meu *book*.

— Não muito bem, Cristina, para falar a verdade. Vou ficar assim uns seis dias.

— Uns seis dias? — exclamou. — Tanto assim dura sua menstruação?

— Sim, infelizmente. Mas acho que daqui a uns três dias podemos fazer as fotos.

— Bom. Falei com o fotógrafo. Ele queria ir à Costa Brava. Lá é muito bonito, e poderíamos fazer umas fotos bem elegantes, que tal?

— Fantástico.

— Temos que sair cedo, lá pelas seis, para aproveitar a luz.

— Certo. Às seis é meio cedo, mas tudo bem, de qualquer maneira. Quero fazer logo essas fotos.

— Por que não vai até a Casa hoje à tarde, organizamos a viagem e falamos da roupa que você vai ter que levar? Estarei lá às quatro.

— Combinado! Até a tarde, então.

Quando chego, à tarde, há mais garotas que o habitual ali. Todas estão na sala, como de costume, assistindo a uma novela na tevê. Cindy, a portuguesa, está ali, passando uma vareta de incenso de canela pela sala.

— Canela atrai dinheiro — diz quando vê que a observo atônita. — Depois, vou para a cozinha passar a canela perto do telefone. Para que os clientes liguem.

Ela parece séria enquanto vai me dando todas essas explicações. Dou risada, sem lhe dar muita importância. Paraliso quando vejo uma loura sair do banheiro. Parece uma Barbie, com o mesmo cabelo louro e comprido, uma camiseta justa apertando seus peitos de silicone enormes, combinando com uma boca do mesmo material, extremamente carnuda. Parece que ela vai se sufocar de tanto peito. Seus olhos não têm expressão, estão esticadíssimos, e chego até a pensar que o cirurgião exagerou um pouco. Ela é muito miudinha, mas toda cheia de curvas, com tudo no lugar. Como pode existir uma barbaridade dessas? Ela olha para mim, mas não me cumprimenta. Vai se sentar ao lado de Isa, que está experimentando um batom se olhando num espelhinho de bolso. Logo percebo que são amigas, e por isso a Barbie não vai com a minha cara, mesmo antes de me conhecer pessoalmente. Isa já se encarregou de fazer minha caveira.

Cristina sai da cozinha e me chama.

— Venha, aqui podemos conversar melhor — diz, alegre.

Ela tem muita dificuldade de se movimentar. Já está grávida de uns oito meses. Mas sempre que a vejo parece de bom humor.

— A loura que você viu é Sara. Não a conhecia ainda, não é?

— Não, é a primeira vez que a vejo — respondo.

— Ela trabalha conosco há muitos anos. Os homens a adoram.

— Ah, é?

Penso, com nojo, que os homens não têm nenhum bom gosto.

— Ela é meio estranha no começo, mas, não se preocupe, vai acabar falando com você.

Na verdade, não me preocupo muito com quem fala comigo ou não. Mas eu achava que existia mais cumplicidade e solidariedade entre as garotas nesse ambiente. Mas vejo que não. E isso me decepciona profundamente.

— Cada dia que passa acho que vou explodir — diz Cristina. — Não aguento mais essa gravidez. Tenho tanta vontade de que o bebê chegue!

— É, eu imagino — respondo. — E com esse calor terrível, você deve sofrer muito, não?

— Sim. E além do mais, ninguém me ajuda. Fico aqui, ali, em casa. Manolo é muito bonzinho, mas só entende das coisas dele. Não facilita as coisas para mim. Disseram-me que você já conheceu meu marido.

— Sim, ontem de manhã. Eu estava com uma cara péssima, porque ia menstruar, e ele me viu assim.

— Berra muito, não é? — diz ela, rindo. — Eu já disse: "Manolo, não fique nervoso". Mas ele não me ouve. Ah! — suspira com uma mão na barriguinha. — Eu sou o contrário, ainda bem! Neste trabalho, não podemos perder a cabeça nunca. Sempre existem problemas, então, temos que levar as coisas com muita calma, não é?

— É, suponho que sim.

— Temos uma loja de roupas também. Manolo e eu cuidamos dela. Passe lá um dia. Temos coisas muito bonitas, talvez precise renovar seu guarda-roupa. Eu lhe faço um preço especial.

— Claro, por que não?

— Voltando ao nosso assunto, se concordar, depois de amanhã vamos fazer as fotos. Você tem que levar roupa elegante, vestidos de noite, e sua própria maquiagem. Vamos ter que retocar, com certeza, porque você vai suar muito — explica, dando-me a impressão de que sabe de tudo. E acrescenta: — Quanto à menstruação, você sabe que pode perder muito dinheiro se não trabalhar nesses dias, não é?

— Sim, eu sei, mas o que posso fazer? — digo resignada.

— Existe um truque para trabalhar menstruada sem que o cliente perceba.

— Como?

Isso sim é uma surpresa. Cada dia que passo nessa casa me espanto mais. Cristina prossegue atentamente com sua explicação.

— Truques do ofício, querida. Quando tiver um serviço, em vez do absorvente íntimo use, no lugar, uma esponja do mar, dessas grandes com furinhos. Recorte um pedacinho com uma tesoura, porque inteira seria demais. Enquanto durar a relação o cliente não vai perceber nada.

— Funciona mesmo? — pergunto, sem poder acreditar.

— Claro que funciona! Experimente e vai ver.

Essa mulher tem a firme intenção de me fazer render ao máximo.

— Digo isso porque temos um serviço para hoje à noite, com Cindy. Dois políticos de Madri, e acho que você é a pessoa adequada. Eles querem garotas que não sejam vulgares para tomar um drinque. Por enquanto, pagaram para passar uma hora conversando, nada mais. Depois, se eles gostarem de vocês, poderão ir ao hotel deles.

Penso um pouco e acho o encontro interessante. Aceito.

— Tudo bem. A que horas será?

— À meia-noite. Só um dos dois sabe que vocês são garotas de programa. Tem que parecer um encontro casual, como se você fosse amiga daquele que sabe. Em nenhum momento o amigo deve saber que vocês foram pagas para estar lá, entendeu?

— Sim, mas, como? — pergunto.

Parece-me uma história sem pé nem cabeça.

— Manuel, nosso cúmplice, por assim dizer, chegará ao bar acompanhado de seu amigo à meia-noite. Estará de terno cinza e gravata vermelha Loewe. Quando o vir, você o aborda dizendo que é a garota que ele conheceu sei lá onde. Você mesma. Então, ele as convida para beber alguma coisa e vocês se sentam com eles. Pronto!

— Combinado. Vou pensar em um jeito para que dê tudo certo.

— Assim que eu gosto. Manuel já viu Cindy por foto, e eu falei de você. Como você fala castelhano melhor que Cindy, vai ser responsável por provocar o encontro. A história é que a amiga que a acompanha acaba de chegar de Lisboa — ela faz uma pausa e anota um endereço em um papel. — Meia-noite neste bar. Passe primeiro por aqui para pegar Cindy para irem juntas.

— Tudo bem.

— E depois de amanhã nos vemos às seis, certo?

— Tudo bem.

Politicamente incorreto

4 de setembro de 1999, à noite

Depois da reunião com Cristina, vou para minha casa buscar roupa para a noite e para a sessão de fotos de depois de amanhã. Volto para a Casa depois, com uma sensação estranha no corpo. Gosto desse tipo de encontro. É muito excitante, deixa minha adrenalina a mil, e minhas têmporas estão a ponto de explodir de tanto sangue bombeando.

Quando chego, Cindy já está pronta. Pegamos um táxi para ir ao bar. Estou imaginando esses políticos, muito sérios, em seus ternos Ermenegildo Zegna, com os bolsos cheios de documentos e cartões de visita, e maletas de couro que encerram discursos impronunciáveis escritos por outros mais bem dotados para a dialética. Nunca falei com um político. Que tipo de linguagem esse Manuel vai utilizar comigo? Temos que conversar durante uma hora. O que vamos contar um ao outro?

— Você sabe como é Manuel? — pergunta Cindy de repente, interrompendo meu diálogo interior.

— Não faço ideia! — exclamo. — Só sei que está de terno cinza e gravata vermelha Loewe.

— E como é uma gravata Loewe? — diz Cindy, abaixando a saia que subiu quando ela entrou no táxi.

Ergue-se com pequenos pulinhos para tentar recuperar os pedacinhos de pano aprisionados debaixo de sua bunda. Vejo, então, umas meias muito bonitas, com elásticos bordados que grudam na pele. Ela está muito sexy esta noite.

— Não sei. Mas vamos encontrá-los.

O bar fica em Tibidabo, ponto mais alto da cidade e por isso, dele, se tem uma vista fantástica de Barcelona. Está bem escuro e a música não podia ser mais alta. Nesse contexto, temos que encontrar dois políticos de Madri.

Meu Deus, vamos ter que berrar para nos entendermos!

Deixo Cindy um instante sozinha e vou ao banheiro, porque estou com a esponja no bolso. Estou esperando até o último minuto para colocá-la. Em casa já a cortei em três pedaços, porque inteira é grande demais. Já trancada no banheiro, pego um pedaço de esponja e a coloco com cuidado. É estranho pôr isso, mas não há outro jeito. Essa operação me toma certo tempo porque não estou acostumada, e é difícil colocá-la assim, seca. Volto para Cindy, que está observando atentamente cada homem que entra no bar. Com a luz escura dali todos os ternos parecem cinza, como os gatos. Acho que a tarefa de encontrar dois indivíduos que não conhecemos vai ser um tanto árdua.

— Está vendo alguma coisa? — pergunta Cindy.

— Não, nada. Ainda não é meia-noite. Também não acho que serão pontuais. Vamos esperar um pouco mais.

Pedimos uma bebida, Cindy prefere um gim tônica e eu um uísque com Coca-Cola. Depois de pedirmos começamos a conversar. Acho essa garota muito agradável, tem ideias muito claras e um desprezo imenso pelos homens, que não tenta esconder.

— Dos homens, não quero saber nada. Só se for trabalho. Senão, nada de nada — diz enquanto levanta a taça para brindar comigo.

— Você não tem namorado?

— Namorado?! — diz quase gritando. — Está louca? Para que me controle e descubra o que eu faço e depois arme um escândalo? Não, não, não! Já passei pelo suficiente com o pai da minha filha.

— O que aconteceu com ele?

— Dois anos depois que a menina nasceu ele me trocou por outra. Foi isso que aconteceu, sim senhora! Desde então, quase não vê a filha e mal me ajuda com dinheiro. É um filho da puta! E tem dinheiro, o imbecil! Por isso não tenho namorado. Além do mais, eu já não saberia ficar com um homem sem dinheiro envolvido.

— Caramba! — não sei o que lhe dizer. — E na Casa, como vão as coisas?

— Bem. Em alguns momentos tenho muito trabalho e depois nada. Mas sempre tiro alguma coisinha!

— Tira alguma coisinha?

Cindy é muito simpática, mas me custa horrores entendê-la entre o barulho das pessoas, a música, suas expressões e a mistura de português em cada frase.

— Sim. Sempre consigo algum trabalho, entende? Antes trabalhei em Nova York e Londres. Faz tempo que faço isto. E você, por que está aqui?

Não quero lhe dar detalhes de minha vida, apesar de ela me inspirar bastante confiança.

— Por causa de um homem que roubou meu dinheiro. Tenho dívidas.

— Muito bem. Agora você é que vai pegar dinheiro dos homens. É revanche?

— Não sei. Acho que não é só por isso.

Enquanto tento explicar a Cindy os motivos de minha chegada à Casa, sinto que alguém está me observando. Levanto os olhos instintivamente e vejo um homem cochichando no ouvido do amigo. Dois homens sozinhos. Com certeza são eles! Não consigo distinguir a cor da gravata. Parece uma cor viva, mas eu não poria a mão no fogo afirmando que é vermelha. É a única dupla masculina ali, por isso, sem hesitar mais, e deixando Cindy com as palavras na boca, decido me aproximar do homem que está me olhando. Mas, ao me levantar, sinto algo me incomodar entre as pernas. É a maldita esponja, que saiu do lugar e está me machucando as entranhas. Além do mais, tenho a terrível sensação de andar com as pernas abertas feito dois parênteses.

Cindy, que nota que algo está errado, subitamente me pega pelo braço.

— Você está bem? — pergunta ela com uma expressão visivelmente preocupada.

— Sim, sim, não é nada. É a maldita esponja Espere, acho que são eles. Ali no canto do balcão. Já volto.

Sinto suor na testa, mas já que me levantei e estou olhando para eles, tenho que me aproximar, do jeito que der.

— Manuel? É você? — pergunto, com um meio-sorriso nos lábios.

— Não, eu sou Antonio, e este é meu amigo Carlos. Como você se chama, linda? — responde o indivíduo do suposto terno cinza e gravata viva.

Minha expressão muda no exato momento em que ele pronuncia seu nome.

— Desculpe, eu o confundi com outra pessoa. Desculpe, eu tinha certeza.

E saio rapidamente, antes que a vergonha me domine por completo. Aproximei-me para nada, andando daquele jeito ridículo, com essa sensação horrível de ter uma fralda enfiada na vagina. Volto para a mesa onde está Cindy, falando animadamente com uns sujeitos sentados na mesa ao lado.

— Eles são do Kuwait — explica. — Falam inglês, nem uma palavra de espanhol. Eu falo um pouquinho de inglês, mas é difícil. E você?

— Cindy, o que está fazendo? Estamos esperando dois homens. Você não pode começar a conversar com esses sujeitos!

Os kuwaitianos estão me olhando com sorrisos que dizem muito sobre suas intenções.

— Se esses dois não aparecerem, vou traçar um desses kwaitianos. Eles têm dinheiro, e com certeza pagam muito bem. Tudo para mim. Não vou falar nada na Casa.

— Está louca? Susana está esperando minha ligação ainda, e esses políticos não apareceram. Se não vierem, vamos ter que voltar para a Casa.

— Bom, façamos que ela espere um pouco. Além do mais, ela vai embora e Angélica, que é muito linda, vai substituí-la. Voltamos dizendo que esperamos e que eles não apareceram. Enquanto isso, traçamos os kwaitianos.

Para ela, é fácil assim.

—Quer beber alguma coisa? — propõe um deles, em inglês.

—Não, obrigada. Desculpem, mas estamos esperando uns amigos. — respondo com toda a educação do mundo.

Estou preocupada com a situação.

— Vou dar meu telefone a eles — diz Cindy.

E começa a procurar na bolsa uma caneta para anotar seu número em um papel.

—Não hesite em me ligar. — diz a um deles, entregando-lhe o papelzinho.

— Está satisfeita? — digo quase irritada. — Todo mundo está olhando para nós. Agora sim parecemos umas vadias.

— Não se irrite. Com o tempo, vai fazer o mesmo que eu, você vai ver! Um homem que olhe para você é dinheiro no banco, quase certeza.

E começa a rir.

Talvez ela tenha razão, mas ainda não sei fazer isso.

— Val?

Volto-me para ver quem está me chamando e me encontro diante de um homem de uns 37 anos, terno cinza e gravata vermelha. É atraente, e fico impressionada com a classe que tem. Sem pensar muito, digo:

— Manuel? Não acredito! O que está fazendo por aqui? Você não morava em Madri?

Ele me dá dois beijinhos no rosto, como se nos conhecêssemos desde sempre.

— Deixe-me olhar para você. Não mudou nada!

Eu faço o jogo dele. É muito divertido. Vejo que Cindy está segurando o riso.

— Nem você! — digo com um grande sorriso. — Deixe eu lhe apresentar minha amiga. Cindy, Manuel, um velho amigo.

Manuel cumprimenta Cindy beijando-lhe a mão. Depois, ela se aproxima de mim e sussurra:

— Cena comovente!

Sem ligar para ela, volto para Manuel, que está agora ao lado de outra pessoa.

— Este é um amigo e colega, Rodolfo. Tivemos uma conferência em Barcelona, e como hoje é aniversário dele, decidimos comemorar aqui.

— Muito prazer, Rodolfo, e parabéns — digo estendendo a mão.

— Muito prazer, e parabéns — imita Cindy.

Rodolfo é um homem bastante atraente e muito simpático também. Mas gosto mais de Manuel.

— Estão esperando alguém? — pergunta Manuel com a firme intenção de se sentar ao nosso lado.

O problema agora é a logística. Se entendi bem, Rodolfo tem prioridade, já que é a noite dele. Manuel ficará com a garota que seu amigo não escolher.

— Não, por favor, sentem-se conosco — proponho muito gentilmente.

Há um instante de hesitação, e por fim Rodolfo se senta ao lado de Cindy. Parece já ter feito sua escolha. Manuel se acomoda na cadeira que resta e fico aliviada.

— Você continua na política? — pergunto.

— Sim. Preciso viver de alguma coisa.

Realmente parecemos ter decorado nossos papéis com perfeição. Ele se aproxima um pouquinho mais de mim e diz, sussurrando:

— Sua amiga sabe que Rodolfo não pode saber de nada, não é?

— Sim, não se preocupe.

— Bom. Sabe de uma coisa? Você não é nada mal! — diz ele inopinadamente.

— Ah! Você também não. Fico feliz por seu amigo ter escolhido Cindy.

— Eu também! Fiquei com medo! — diz ele sem tirar os olhos dos meus.

Não respondo. Ele me intimida um pouco.

— Você é incrível! Parecemos amigos da vida toda mesmo.

Gosto desse político. E quero levá-lo para a cama. Depois de conversar um pouquinho com nossos respectivos acompanhantes, lembro que tenho que avisar Susana. Com a desculpa de ir ao banheiro, desapareço.

Faço minha ligação e atende Angélica, que já está soltando fumaça pelo telefone. Aproveito também para recolocar a esponja, que já não aguento mais. Maldita ideia da Cristina! É a primeira e última vez que ponho essa porcaria!

Quando volto à mesa, Rodolfo está se sentindo muito mal e ameaça vomitar, porque bebeu demais a noite toda. Manuel está desolado, mas me explica que é melhor eles voltarem para o hotel. Tento convencê-lo de que poderíamos nos ver depois, no quarto dele, mas ele não quer. Explica que não pode correr riscos com o amigo nesse estado.

Cindy e eu nos reencontramos como duas tontas e mais que frustradas, porque nós duas gostamos desses homens. Os kwaitianos continuam do nosso lado, e fazem várias tentativas de entabular conversa de novo. Demovo Cindy de lhes dar bola e logo entramos em um táxi a caminho da Casa.

A valsa do marquês de Sade

5 de setembro de 1999

Quatro da tarde.

O edifício está situado em frente à praia de Barceloneta, um bairro conhecido por todos por deixar muito a desejar.

Aceitei, entre outras coisas, porque é a primeira vez que Susana me chama de dia, e me sinto uma privilegiada. Quero lhe mostrar que pode sempre contar comigo. Susana me deu indicações precisas sobre esse cliente tão peculiar; estou indo até seu apartamento, segura, de calça jeans e camiseta branca.

— Não vista nada sofisticado — aconselhou Susana. — Jeans, e nada de maquiagem. Ele quer uma menina, e você não é exatamente uma adolescente.

Esse comentário inútil me fez ficar com raiva um instante, mas essa encenação de adolescente púbere logo me excitou. Por fim, algo diferente! Estava começando a me fartar de homens que pagam por uma relação sexual convencional. Depois dos dois políticos, é bom sair da rotina, e esse encontro se prenuncia interessante.

Quando entro no edifício, percebo que não tem elevador. É muito antigo, e o térreo serve de quartel-general de pequenos delinquentes aos sábados à noite, porque as paredes estão cheias de grafites e o canto debaixo da escada tem marcas de incêndios provocados. Umas latas de Coca-Cola jazem jogadas no chão, e uns pivetes começam a jogar futebol com elas quando me vêm chegar, exibindo-se.

O cliente mora no último andar. Encho-me de coragem e começo a subir a escada de dois em dois até o quinto. Estou um pouco nervosa, porque me pergunto que tipo de pessoa vou encontrar em um lugar decadente como esse.

Quase ao chegar à porta do apartamento toca meu celular.

— Alô?

Tenho que gritar um pouco porque as crianças de baixo estão fazendo um barulho terrível que se ouve do alto.

— Já chegou? — pergunta Susana, impaciente. — Leva meia hora de táxi. O que está fazendo? O cliente está esperando!

— Eu já ia ligar. Estou quase batendo na porta — digo, sem fôlego, e sinto de repente que alguém na escada está me observando.

Um homem moreno, de compleição forte, está me olhando com cara de mau da porta à qual me dirijo com o telefone na mão.

— Tenho que desligar — digo a Susana enquanto observo o homem fazendo sinais para que eu desligue imediatamente o celular. Parece furioso.

E desligo.

Ele me faz entrar rapidamente, sem uma palavra, e antes de fechar a porta, olha pelo corredor para ver se alguém presenciou a cena.

No apartamento, ele me leva, sempre em silêncio, até a sala, e depois diz, com raiva:

— Você não é um exemplo de discrição!

Eu achava que o homem era mudo, mas sua voz grave me surpreende e me faz sentir mal.

— Desculpe! Tem razão. Eu tinha que ter desligado o celular.

— Eu disse à sua chefe, nada de celular! Não quero que meus vizinhos saibam que eu pago uma puta.

A palavra me cai mal, mas, vendo a cara do sujeito, não pretendo contrariá-lo.

— Quantos anos você tem?

— Vinte e dois.

— Eu pedi uma menina mais nova.

E acende um cigarro. Não digo nada. Já diminuí oito anos, na cara dura. O ambiente está carregado. Cheira a móveis velhos e a pó, e esse cheiro me faz sentir incomodada. Tento relaxar.

— Que legal ter um apartamento de frente para o mar! — digo dirigindo--me para a varanda da sala.

— O que está dizendo? Não vê que é um apartamento de merda?

Ele tem toda a razão. É um apartamento velho, decorado com móveis velhos, um sofá caindo aos pedaços, e o chão, cinza-sujo, é de lajotas baratas, cheias de marcas pretas de pés de móveis arrastados ano após ano. As paredes estão recobertas de um amarelo tímido, com crostas brancas desmanchando em algumas partes e que evidenciam o pouco cuidado que os inquilinos lhe dedicaram.

— Bom, mas tem o mar em frente — insisto.

— Que se foda o mar! Eu moro em um apartamento de merda!

Sem dúvida, ele está decidido a discutir qualquer comentário meu. Ele se larga no sofá, coberto com uma velha manta xadrez cuja única função, além de proteger o pouco que resta do estofado miserável, é fazer bolinhas. Para mim, o trabalho promete ser uma droga. O homem é um ressentido, amargurado, e, evidentemente, não parece ter gostado muito de mim.

— Aproxime-se um pouco para eu vê-la melhor.

Ele está completamente jogado no sofá. Eu me aproximo, e quando chego, ele me faz girar para me olhar de frente e de trás. Depois, abaixa a calça e me pede para fazer o mesmo. Levanta-se outra vez, de cueca, decorada com as bolinhas da manta que foram grudando generosamente, e caminha para o aparelho de som. Põe um CD.

— Você dança? — pergunta.

— Tudo bem — digo, pensando que um pouco de música pode suavizá-lo.

Depois de cinco minutos, farto da música e de dançar, ele me ordena:

— E agora, quero que você fique de quatro.

Tira do bolso da calça o dinheiro que tem que me pagar e o joga no chão.

Depois de observá-lo um instante para tentar compreender o que ele pretende, obedeço e me agacho.

Ele aproveita minha distração para se sentar em cima de mim, como um jóquei sobre um cavalo. Não há dúvida, fui topar com um louco furioso que tem o firme propósito de me humilhar. Era o que me faltava! Ele começa a me cavalgar e me pega pelos cabelos bruscamente, como um homem das cavernas. Seu corpo pesa demais, e ele está cravando seu cóccix em minha lombar.

— O que está fazendo? — grito, levantando-me rapidamente.

— Não gosta?

— Como vou gostar? Você está me machucando.

— Se eu pago, faço o que quero!

— Desculpe — digo, vermelha como um tomate —, mas você está muito enganado. Não trabalho em uma agência sadomasoquista. Se quiser humilhar, há garotas especializadas para isso! Mas eu não sou dessas.

Começo a ter uma desagradável sensação de medo no corpo, porque não sei como esse louco pode reagir.

— Sim, eu quero humilhar, e achei que podia fazer isso com uma puta qualquer. Mas vejo que você não quer colaborar — diz ele em tom de desprezo.

Meu coração está batendo a mil por hora.

— Desculpe, mas não sou uma puta qualquer, como você disse. E, se quiser, posso ir embora. Basta pagar o táxi — digo, desejando com todas as minhas forças que ele responda sim.

O ambiente está carregadíssimo.

— Não, não, tudo bem. Ligue para sua agência e diga que vai ficar uma hora.

Não entendo mais nada.

— Mas sem violência física, ok?

— Não se preocupe — diz ele com um olhar assassino. — Sem violência física.

Ligo para Susana pouco convicta, porque não vejo graça nenhuma em ficar com esse sujeito que parece muito estranho. Espero que ela note o medo em minha voz e me mande voltar imediatamente para a casa, sem correr mais riscos. E essa mudança repentina nele não cheira nada bem.

— E agora, vamos para o quarto — diz assim que desligo o telefone.

Ele me mostra o caminho para um quarto muito pequeno e sujo. Dentro há uma cama de solteiro, cheia de manchas. Ele tira minha lingerie, observa-me e literalmente me joga em cima da cama.

Depois, desaparece no banheiro. Aproveito esse momento de solidão para olhar em volta, tentando entender que tipo de pessoa é o homem com quem tenho que me deitar. Há livros de todo tipo em uma estante, com títulos arrepiantes, e a coleção completa das obras de Sade, traduzidas para o espanhol. E objetos fetichistas. Na parede há um chicote muito comprido pendurado, e uma máscara de couro. Fui parar na casa de Hannibal Lecter em pessoa, penso.

Ele sai do banheiro com um minitanga e começa a desfilar diante de mim como um exibicionista.

— Olhe para mim e não fale nada — diz, olhando-me com seus olhos exorbitados e assustadores.

A tanga está estrangulando seus genitais, de tal forma que ele tem que tirá-la rapidamente. Põe um preservativo, e, sem preliminares, começa a procurar a entrada do meu sexo com os dedos. Ainda bem que um laboratório farmacêutico inventou a glicerina!

Enquanto me penetra sem suavidade, ele grita coisas imundas. Só tenho uma coisa na cabeça: acabar o quanto antes e cair fora dali. O peso de seu corpo asqueroso em cima do meu parece uma rocha de cem toneladas, e a cada movimento dele chega a meu olfato um cheiro corporal de animal selvagem. Quando goza, essa massa se transforma em uma série de tremores e convulsões difíceis de aguentar. Quando tudo por fim acaba, pego minha roupa, e sem dizer nem uma palavra, começo a me vestir enquanto me dirijo apressadamente para a porta. Desço a escada correndo, e uma vez na rua, passo diante dos fedelhos, que continuam ali, curiosamente calados, e dou uma acelerada digna de uma corrida de atletismo. Quero fugir desse imprestável e deixar para trás todas as palavras vulgares que ele me murmurou. Ao correr, pretendo que essas palavras horríveis desapareçam com o vento. Sem fôlego, paro, e sem tentar me conter, começo a chorar todas as lágrimas acumuladas, toda a raiva contida.

Na mira da objetiva

6 de setembro de 1999

Seis da madrugada.

— Susana me contou tudo — diz Cristina sem compaixão quando aparece na porta. — Há de tudo neste mundo, e você vai ter que se acostumar, porque vai encontrar mais de um assim daqui em diante.

— Por pouco ele não me machucou — acentuo.

Minha voz é grave, pois quase não dormi e estou de muito mau humor. Não estou nada a fim de fazer cara boa para as fotos, mas tenho que fazer. Meu trabalho depende disso.

Na rua um carro nos espera. Ao volante está Ignacio, o fotógrafo, e a seu lado um ajudante, que vai ser bem útil para retocar a maquiagem.

— Eu também queria dizer que é importante, assim que chegar à casa do cliente, que ligue para Susana. Senão, pensaremos que você chegou mais cedo e arrancou um extra do cliente. Já aconteceu outras vezes com algumas garotas, por isso Susana não confia em ninguém. E ao sair também, queremos saber a hora exata, e se o cliente quiser mais tempo, ligue de novo para Susana e diga.

— Eu ia ligar para Susana, mas ela se antecipou. O cliente morava muito longe, e com o táxi e o trânsito, cheguei atrasada. Mas não fiquei mais tempo com ele, Cristina!

— Susana tem certeza de que ficou.

Diante de um novo protesto meu, Cristina quer pôr um ponto-final na discussão.

— Tudo bem desta vez — diz. — Mas que seja a última!

Olho para ela escandalizada, mas não digo nada. A manhã promete ser tensa.

Durante o trajeto mal falamos. Todo mundo está cansado. Eu particularmente, mas estou começando a me acostumar a acordar de madrugada. Também estou irritada com Susana. Não entendo como ela pode pensar e dizer coisas assim de mim. Sou o que sou, mas não sou desonesta.

Antes de começar as fotos, paramos no bar de uma cidadezinha para tomar o café da manhã.

— Cristina me disse que você está trabalhando muito bem na casa — diz Ignacio quebrando o silêncio.

— Ah, sim. Por enquanto está tudo bem.

— Você vai ver, com as fotos vai trabalhar em dobro — diz ele, certo de que o *book* será o melhor investimento da minha vida.

— Assim espero!

Depois de vários cafés com leite, começo a me sentir muito melhor, e impaciente para começar.

9 de setembro de 1999

Hoje não aconteceu nada de relevante, exceto um problema com Isa, para variar. Outra vez foi roubada. Nessa ocasião, uma suposta pulseira de ouro e uns anéis Cartier, presente do velho que a sustenta nos três últimos meses.

Estou na sala quando ouço seus gritos histéricos e umas palavras que troca com Sara, a Barbie.

— Com certeza foi a francesa — ela diz a Sara.

Prefiro não reagir, senão sou capaz de pular no pescoço dela. E sei também que é o que ela quer, para que me mandem embora.

Isa e Sara vão para a cozinha falar com Susana. Tento prestar atenção no que dizem, mas murmuram palavras incompreensíveis de onde estou.

Susana de repente sai de seu quartel-general, de cigarro na mão, e vem falar comigo.

— Posso falar um instante com você, querida? — pergunta como quem não quer nada.

Eu sei do que ela quer falar. Faço sim com a cabeça.

— Ouça, não sei o que está acontecendo com você! Outro dia desapareceu a jaqueta Versace de Isa. Depois, mando-a para um cliente e você demora uma eternidade para chegar. Agora, Isa disse que roubaram uma pulseira e uns anéis de ouro. Desculpe, mas são muitas coisas acontecendo desde que você está aqui.

— O que quer dizer? — pergunto, cansada de ser acusada sem provas.

— Não, nada. Mas acho muito estranho tudo isso, querida.

— Está insinuando que eu roubei a jaqueta e as joias de Isa?

Ela já me tirou do sério.

— Bem, não disse que foi você, mas acho muito estranho.

— E você não acha que Isa disse isso tudo porque sou nova aqui e ela não pode me ver nem pintada? Não vê que ela quer todo mundo contra mim? Ela não me suporta, Susana, você sabe. E estou começando a pensar que você também não.

— Que bobagem, querida! De jeito nenhum. Estou só fazendo meu trabalho, nada mais! Quando surgem problemas entre as garotas eu tenho que resolver. Não quero que aconteça como da última vez, que a Isa ligue para o Manolo. Depois, os problemas sobram para mim.

E falando do diabo, a porta de entrada se abre e aparece Manolo, com sua bermuda e os mesmos mocassins. A eterna pochete parece vazia dessa vez.

— Não fale nada para ele — diz Susana. — Deixe que eu converso com Manolo.

— O que está acontecendo aqui?! — pergunta ele, berrando. — Nada de reuniões secretas!

— Não está acontecendo nada, Manolo. Só estávamos conversando.

A voz de Susana está trêmula, e ela mente tão mal que dá na cara. É evidente que tem medo de Manolo.

— Então, se não está acontecendo nada, volte para a cozinha, imbecil!

Dessa vez eu me sinto muito mal por Susana. Ele a trata como a um animal.

Ela vai correndo para a cozinha e Isa e Sara aparecem.

— E vocês, que estão fazendo na cozinha? — pergunta Manolo às garotas.

— Posso falar com você um instante, Manolo? — pede Isa de repente.

Lança-me um olhar malévolo, e entendo que ela vai lhe contar o que aconteceu. Opto por calar a boca e esperar a sequência dos acontecimentos, enquanto Isa se tranca com Manolo no quartinho. Ficam um longo tempo, até que Manolo e Isa reaparecem.

— Sem problemas. É assim que eu gosto, que me avisem com antecedência. Tire duas semanas no Natal — diz Manolo a Isa enquanto se despede de nós.

Isa não lhe disse nada, só lhe avisou que vai visitar a família no Equador em dezembro. Mas também sei que ela fez tudo isso de propósito, para me assustar. Quando Manolo vai embora, Isa me faz entender com o olhar: "Da próxima vez, vou lhe causar problemas".

O plástico é fantástico

15 de setembro de 1999

A Barbie não fala, não dá opinião, não sorri, não vê. A Barbie só mexe no cabelo. Passa horas e horas mexendo no cabelo. Aparece David, o cliente australiano com quem estive na primeira noite, quando conheci Angélica. Ele foi à Casa porque saiu com os amigos, e depois que fecharam todas as baladas da cidade, ele não estava a fim de voltar sozinho para casa. Decidiu dar um pouco de alegria ao corpo.

Ele nunca esteve com a Barbie, porque sempre que a chamou ela nunca estava disponível. Mas esta noite, sim. E a Barbie aparece diante de David com o cabelo alisadíssimo de tantas horas acariciando-o diante do espelho. Ele a escolhe sem demora.

— Ela me excita — confessa a Angélica. — Tem uns peitos enormes!

E a Barbie desaparece com ele na suíte, toda orgulhosa.

Depois de uns dez minutos, ela sai correndo, nua, em lágrimas. Ao vê-la surgir assim ficamos todas boquiabertas. Como a curiosidade acerca do que acontece com cada garota é o que dá vida à Casa, todas lhe perguntamos o que aconteceu. O cliente a machucou? Duvido sinceramente, porque David sempre demonstrou ser uma pessoa carinhosa, pelo menos quando estive com ele. Mudou de ideia e teve medo de se sufocar entre os seios dela? A Barbie fez uma espanhola nele e esmagou seu membro sem querer, por causa de tanto silicone? Tantos mistérios a descobrir… O ambiente na casa esta noite está animadíssimo.

Poucos segundos depois que a Barbie sai da suíte aparece o cliente gritando que quer o dinheiro de volta.

— Isso não é uma mulher! — grita David. — É um travesti, um travesti!

Ele está furioso.

— O que está dizendo, David? — refuta Angélica. — Não é um travesti. É uma mulher de verdade. Eu garanto.

— Estou dizendo que é um travesti operado. Além do mais, seu seios são duros feito pedra! Que nojo! Com certeza mudou de sexo.

— Homem do céu, claro que ela operou, mas os seios, nada mais. Eu garanto, David, que Sara é uma mulher.

— É um travesti. Devolva meu dinheiro agora mesmo!

— Mas...

Angélica está tentando convencê-lo, mas não há como. David não quer ceder e a Barbie começa a insultá-lo; e depois, a chorar feito louca.

— Como pode dizer que meus seios são duros? Fui operada pelo melhor cirurgião da Espanha. Custou uma fortuna!

E é a primeira vez, e com certeza a única, que ouço o timbre de voz da Sara.

20 de setembro de 1999

Começo a me sentir cada vez melhor na Casa. Quase todas as garotas já me aceitaram, com exceção de Isa, que continua fazendo cara feia para todo mundo. Além do ambiente cada vez mais tranquilo entre nós, estou começando a ter alguns clientes regulares. Estou contente, e o nervosismo dos primeiros dias já desapareceu.

Estou feliz com meu corpo, e especialmente com minha cabeça. Não é um trabalho mais difícil que qualquer outro, na verdade. É diferente, só isso. Agora, depois das tempestades do início, está se estabelecendo uma rotina que me permite curtir cada encontro e viver minha sexualidade livre o melhor possível.

Desde o episódio da Barbie, David só quer a mim. Bom, pelo menos é o que ele diz. Mas sei que chama outras agências e encontra outras garotas. Porque ele gosta de sexo, e eu conheço as regras do jogo. Duas vezes por semana comigo não podem lhe bastar. Curto muito com ele, apesar de não ser meu tipo de homem.

Também arranjei outro cliente. No começo, não era eu quem devia atendê-lo, e sim outra garota. O nome dele é Pedro.

21 de setembro de 1999

Estou com um americano no hotel Princesa Sofía quando Angélica me liga para dizer que quando acabar o serviço, tenho que pegar um táxi para ir a um hotel situado na periferia de Barcelona. Antes de mim ela mandou Gina, uma loura que trabalha de vez em quando para a Casa para pagar a Mercedes que acabou de comprar; mas, quando ela chegou, o cliente em questão era… seu chefe! Que história! Gina saiu correndo, entrou na Mercedes novinha e, a 180 quilômetros por hora, voltou para a Casa traumatizada. Por sorte, o cliente não a reconheceu, porque não havia luz no corredor quando ele abriu a porta. Mas o pobre homem agora está frustrado e espera impaciente outra garota.

Quando encontro Pedro, de cara me parece um sujeito muito nervoso, quase neurótico e com cara de culpado. Mostro-me bem tranquila, e ele gosta de mim de imediato. Dizem que os opostos sempre se atraem. É verdade para ele, mas não para mim. Ele mora em um hotel cinco dias por semana, perto da empresa que dirige. No fim da semana volta para casa para fazer seu papel de bom pai e marido.

Esta noite, enquanto estamos na cama, ele insiste muito para que eu faça uma felação sem preservativo, porque faz quatro anos que não toca em sua mulher. Diante de minha recusa a fazer qualquer coisa sem proteção, ele começa a chorar como um bebê, e depois, quando me penetra, goza em cinco minutos. Eu não gozo. Ele é muito gentil, mas um verdadeiro desastre como amante. Resigno-me pensando que, de qualquer maneira, hoje foi um dia bom.

23 de setembro de 1999

Pedro está ficando obsessivo comigo. Ligou para saber se eu estava livre e apareceu cedo para passar a noite inteira comigo. Primeiro, paga umas horas e vamos para a suíte. Na realidade, ele diz que não se interessa muito por sexo. Pretende encontrar em mim, acima de tudo, uma espécie de conselheira/psicóloga. Mas se estiver sempre de pernas abertas, melhor!

Sinto um carinho especial por ele. Claro que prefiro estar com ele, porque me trata bem, não como um depravado que pode me pedir coisas nojentas. Ele diz que sente que está fazendo uma boa ação, porque, assim, eu não tenho que ficar com outros homens. Depois, decide sair e me levar para dançar, avisando-me previamente que não tem tolerância para o álcool. Eu, porém, aguento tudo que me servirem. Afinal de contas, acabei de renascer, e tenho uma força interior que me faz suportar tudo. Esta noite, decido tirar proveito dessa vantagem. Ele me convida para beber alguma coisa em um bar no centro, e então, diz que está contemplando a possibilidade de ser meu namorado. Quer até me dar um anel de ouro branco. Eu recuso a proposta categoricamente.

— Não quero que você seja meu namorado. Não quero namorado nenhum. Além do mais, agora não sou capaz de amar. Quero ganhar dinheiro, pagar minhas dívidas e só!

— Farei tudo para que você se apaixone por mim, prometo.

— Não quero me apaixonar, você não entende? Além de tudo, você não é meu tipo. Sinto muito!

A cada rejeição ele parece mais motivado. É como um desafio, o primeiro grande desafio que surge em sua vida. Quanto mais agressiva fico, mais ele se agarra a mim, e confessa que precisa de uma mulher autoritária a seu lado. Acho que, no fundo, ele adora fazer o papel de bom samaritano e salvador de uma garota que se encontra na miséria mais absoluta. Assim ele satisfaz seu orgulho, e isso dá, pela primeira vez, um sentido a sua vida chata. Mas Pedro me dá nojo fisicamente, e esta noite quero dar um jeito de não manter relações sexuais. Seu sexo é fino como um espaguete, cuja única função verdadeira é ficar pendurado entre as pernas. Só isso.

Começamos a dançar, e só de vê-lo se contorcendo na pista me dá pena. Dança pior que um pedaço de madeira. Eu não paro de pedir uísque e de verter o conteúdo de meu copo no dele, para que beba. Ele não parece perceber. Decidi não lhe dar meu corpo. Já estou fazendo o bastante aguentando-o choramingar.

De repente, ele anuncia:

— Vou me divorciar.

— Mas você se sente tão mal assim em casa? — pergunto.

Não acho que ele está falando sério. Além do mais, está completamente bêbado.

— Como um verdadeiro imbecil! Desde que conheci você, percebi até que ponto enganei a mim mesmo todos esses anos. Não suporto mais minha mulher e esse casamento é uma verdadeira farsa.

— Então, mude de vida sem hesitar. Mas por você, não por mim. Não pretenda que eu o ajude mais do que já ajudo. Não quero ser sua amante exclusiva.

— Não quero que você seja minha amante, quero que seja minha namorada!

— Você está se enganando outra vez, Pedro. Você se apaixonou pela pessoa que encontrou em um ambiente muito peculiar. Sente-se livre de vir e ir embora quando lhe dá na telha. É só uma questão de dinheiro. Na vida real seria diferente, você não me suportaria.

— O que está dizendo? Você não sabe quanto a amo! Amo você mais que a meu próprio filho!

Essa afirmação é pesada e gravíssima, e decido fazê-lo beber um pouco mais. Não aguento esse tipo de discurso nem esse homem que sente sei lá que amor pelo filho. Certamente não está em seu juízo perfeito. Não pretendo escutar nem mais uma palavra disso!

— Além do mais, não sei o que uma mulher como você faz em um lugar como esse. Não é seu lugar. Por que você faz esse trabalho, se tem estudo? — acrescenta.

— Faço isso porque você existe! — explico irritada. — Que foi? Por acaso é incompatível ter estudos universitários, ter sido executiva e fazer o que eu faço? Por acaso sou uma delinquente, ou uma má pessoa, por ter decidido trabalhar nisto?

Pedro está me olhando, mas parece não entender nada.

Depois de um tempo ele começa a passar muito mal, e a duras penas consigo tirá-lo dali, sob o olhar surpreso das pessoas. Estou quase carregando-o no colo. Pedro não pesa muito mais que eu, mas a cena é cômica.

Já na rua, vejo-me diante do dilema de convencer um taxista a nos levar até o hotel. É uma tarefa difícil, porque, visto o estado de meu acompanhante, ninguém se atreve a nos levar por medo de que ele vomite no banco de trás. Um senhor, meio gordinho e muito gentil, aceita por fim, porque não notou muito bem o estado de Pedro, que deixei sentado em um banco enquanto procurava um táxi. No meio do caminho, porém, temos que parar no acostamento porque meu acompanhante ameaça devolver em cima do banco tudo que ingeriu durante a noite. Felizmente, isso não acontece. Enquanto isso, o taxista fica me insultando e dizendo que eu o enganei. Eu, envergonhada, não paro de me desculpar.

Uma vez no hotel, resolvo fazê-lo vomitar de qualquer jeito, porque, senão, vou ter que passar a noite em claro, vigiando-o, pois agora está ameaçando se jogar pela janela, alegando que está apaixonado por uma mulher que não o ama. Essa atitude tão melodramática acaba definitivamente com minha paciência. Pego-o por trás no banheiro, posiciono-o diante do vaso sanitário com os dois braços em volta de seu estômago e vou pressionando sua barriga para que devolva tudo de uma vez. Ele começa a vomitar longa e dolorosamente, e depois vai para a cama. No fim, eu também adormeço.

Na manhã seguinte, Pedro se levanta com uma ressaca sem precedentes e começa a fumar compulsivamente um cigarro atrás do outro, até que me acorda. Consegui me livrar daquele momento sexual que não suporto mais, e estou muito orgulhosa de minha jogada. Hoje, volto feliz e fresca para a casa.

— Você gosta muito desse cliente, não é? — pergunta Susana ao me ver chegar.

Mais que perguntar, ela está afirmando. Claro que não vou dizer que estou feliz porque ganhei dinheiro sem fazer nada. Conhecendo-a como a conheço, ela seria capaz de contar a Manolo e a Cristina, e isso daria problemas, sem dúvida. Além de curiosa, Susana já mostrou que é dedo-duro.

— Com certeza você sempre se diverte muito com ele na cama.

Limito-me a sorrir, pego meu dinheiro e vou para casa.

Hoje quem paga sou eu...

25 de setembro de 1999

Estou na academia quando Susana me liga. Felizmente estou com o celular, e o toque ecoa contra as paredes da imensa sala onde costumo ir algumas vezes por semana. Tenho que atender baixinho para não chamar a atenção dos curiosos, que já estão começando a fazer cara feia por serem incomodados em pleno exercício.

— Venha agora. Não tenho nenhuma garota na casa e o cliente escolheu você pela foto.

— Susana, estou na academia. Vou me arrumar, mas demora um pouco.

— Depressa!

Sempre levo roupa, para o caso de acontecer algo assim, e me alegro por ser precavida. Assim, não tenho que desviar do caminho para ir me vestir em casa. Visto-me no vestiário feminino, pego um táxi e vou diretamente para lá.

O dia está cinza, choveu um pouco pela manhã e eu não estou com muito bom humor, mas, acima de tudo, trabalho é trabalho.

Susana me espera impaciente. Ela sempre fica assim; seu profissionalismo jamais poderia aceitar perder um cliente porque a garota está demorando demais para chegar. De modo que está sempre nervosa, e, em consequência, tem psoríase pelo corpo todo. Vive com o medo permanente de ser mandada embora, e por isso nunca nos deixa à vontade. Essa atitude contribuiu, de alguma forma, para que eu estreitasse laços com Angélica, que se mostrou muito mais flexível que Susana.

— Ande, vá lá de uma vez, senão ele vai embora...

— Eu sei, Susana, mas eu estava do outro lado de Barcelona. Não tinha como eu vir mais rápido.

Ajeito o cabelo diante do espelho e entro na sala. O cliente está assistindo à televisão com uma Cuba Libre nas mãos. Tenho a sensação de que ele bebeu várias enquanto me esperava. Quando me vê, sorri, mas não diz nada; tenho que puxar conversa. Ele é engenheiro aeronáutico, pai de família (como todos), que se sente sozinho. Não é nada bonito. Para ser sincera, fisicamente é bastante repulsivo, mas tem um não sei quê que o torna carismático. Quando me sento ao seu lado, fico pasma com o efeito que lhe causo. Ele literalmente começa a tremer. Confessa que tem muito medo, e isso me enternece, de modo que tento tranquilizá-lo. Vamos para a suíte, onde ele tira a roupa furtivamente, entra na cama e se cobre todo para que eu não veja sua nudez. Começamos bem! Imagino que, desse jeito, vai ser outro fracasso sexual. Mas... é maravilhoso. Gozo sem ter que fingir. Gosto de suas carícias por todo meu corpo. Ele é um verdadeiro expert em anatomia feminina. Até duvido que o homem que está na cama comigo é o mesmo que vi minutos antes na sala.

Quando acabamos, enquanto ele toma banho, pego minha bolsa, tiro a carteira e, depois de contar as notas, entrego-lhe 300 euros.

— O que é isso? — pergunta ele, incrédulo, esfregando energicamente as costas com a toalha.

— O reembolso do que você pagou a Susana para estar comigo — sussurro, para que os microfones não me ouçam.

— O quê...?

— Isso mesmo! Por favor, pegue!

— Mas, por quê?

— Para lhe agradecer por este momento. Hoje quem paga sou eu. Mas não se acostume... e não diga uma palavra a Susana! — e sorrio.

Tenho que insistir para que ele pegue o dinheiro, porque não há jeito de que aceite.

— Cada vez entendo menos as mulheres.

Quando ele sai com o dinheiro, murmuro:

— Não há nada que entender.

Mas estou dizendo isso mais a mim mesma, porque ele nem sequer é meu tipo.

Estado de sítio

30 de setembro de 1999

Hoje de manhã Manolo teve uma discussão terrível com Angélica. Estou dormindo no quartinho e os gritos do caminhoneiro me acordam de repente. Ouço Angélica, que também está erguendo a voz, e, assustada, vou ver o que está acontecendo. Estou em uma casa de loucos, portanto, qualquer coisa pode acontecer.

As outras garotas não se alteram. Quando "O Chefe" intervém, é uma questão de Estado, dizem. "Cuide da sua vida", acrescentou Mae um dia. Mas é mais forte que eu. Parece que Manolo vai bater em Angélica e eu tenho que intervir.

Manolo está brigando com ela, entre outras coisas, porque na noite anterior não fez seu trabalho e dormiu. A prova é que quando o telefone tocou às quatro da madrugada, quem atendeu fui eu.

— Esqueceu que gravamos tudo, sua tonta! — Manolo lhe joga na cara. — Temos a voz de Val gravada. Por que ela atendeu em seu lugar? Você é a gerente, ou não?

Quero intervir, porque Angélica está ficando muito nervosa.

— Ela estava no banheiro — explico, tentando dar uma boa desculpa para Angélica.

— Você também quer acabar na rua? — Manolo está levantando cada vez mais a voz. — Por que a defende mentindo? Sabemos que ela estava dormindo. Você mesma disse a Isa. A conversa está gravada.

Procuro relembrar, e percebo que eu disse isso mesmo. Pisei na bola dessa vez, bem feio. Angélica e eu nos olhamos, depois, ela pega suas coisas e diz que não pretende ficar nem mais um minuto nessa casa de loucos, onde está sendo vigiada mais que na casa do Big Brother.

— Isso mesmo, pegue suas coisas, e já sabe onde fica a porta! — diz Manolo.

Angélica sai batendo a porta, e toda a vizinhança deve ter ouvido.

— Não se preocupe — diz Manolo tentando me consolar. — Hoje à noite haverá outra pessoa aqui. Desta vez, uma verdadeira profissional!

Estou desamparada, e não posso disfarçar porque Angélica é, definitivamente, a única pessoa com quem posso falar com sinceridade nesta casa. E, de alguma forma, eu me sinto culpada por ela ter sido despedida repentinamente. Só o que me resta de Angélica é o número de seu telefone. Prometo a mim mesma ligar para ela para não perder o contato.

Passo o dia triste pelo que aconteceu com Angélica, e, à noite, volto para a Casa para dar plantão. Há uma nova gerente, de fato, uma tal de Dolores, que parece mais uma garota de programa como nós. É magrela, de corpo bem bonito, cabelo comprido cor de azeviche e uns olhões cor de mel impressionantes. Uma verdadeira bonequinha. Apresentamo-nos rapidamente, e percebo com clareza que ela está se esforçando para ser gentil. Normal. Afinal tantas mulheres na casa assustam qualquer uma! Ela tem que se fazer aceitar.

Quando entro na sala para deixar minhas coisas, vejo algo inesperado. Todas as garotas estão reunidas ali, em silêncio, e olham para mim preocupadas. É a primeira vez que sinto realmente uma união entre nós.

Todas estão fumando faz tempo, porque o cinzeiro está cheio de pontas de cigarro. Deduzo que há algo errado e que o nervosismo se apoderou delas. Cindy é a primeira a tomar a palavra.

— Sente-se e fecha a porta, por favor.

Faço o que ela me pede. Algo bem ruim está acontecendo.

— Que foi? Por que estão assim? — começo realmente a me preocupar.

— Como o que foi? — diz Isa.

— Não está vendo? — acrescenta Mae.

— É um desastre! — diz Estefanía.

— Posso dizer adeus a minha Mercedes! — pensa Gina em voz alta, com os olhos vazios.

Só quem não diz nada é a Barbie, para variar. Mas tenho quase certeza de que deve estar pensando em sua próxima cirurgia plástica.

— Estamos acabadas! — exclama Cindy de novo.

Eu não entendo nada. Que coisa tão grave pode ter acontecido para que, de repente, todas estejam tão aflitas? Qual é a razão de terem deixado de lado suas diferenças? Os conflitos parecem ter desaparecido em um passe de mágica.

— Por que acabadas? — pergunto.

Não aguento mais tanto mistério.

— Essa mulher... — diz Isa.

— Com certeza vai roubar todos os nossos clientes! — conclui Mae.

— O que estão dizendo? É a nova gerente da noite. Angélica foi embora hoje de manhã, e Manolo disse que contrataria uma verdadeira profissional — explico para acalmar os ânimos. — Por que ela roubaria nossos clientes?

— Porque é bonita — continua Estefanía. — E assim que perceber que vão lhe pagar uma miséria comparado com o que nós ganhamos, vai roubar nossos clientes. Você vai ver! Já aconteceu uma vez, faz muito tempo.

— Nossa, seria terrível!

— Nunca se deve contratar uma gerente bonita demais. É sempre arriscado. Não entendo Manolo! — diz Gina.

A Barbie aprova com a cabeça enquanto alisa o cabelo com a mão.

— Bom, se vocês estão dizendo... E o que vamos fazer, então?

— Temos que nos unir — diz Cindy —, e contamos com você!

— Sim. Temos que vigiá-la e escutar tudo que ela diz aos clientes. Qualquer coisa, contamos a Manolo — diz Isa, convicta.

— Tudo bem. Podem contar comigo, mas não acho que seja para tanto; de verdade, meninas!

— Você vai ver! — exclama Gina. — E agora, finja que nada aconteceu.

A dolorosa perda de Angélica nos uniu mais. Começamos a "montar guarda". Decidimos que quem estiver na casa com Dolores tem que a vigiar bem de perto. Esta noite, Dolores parece fazer seu trabalho corretamente, porta-se bem com todas nós e não há nada a lhe censurar. Nem um errinho! Estou até a ponto de desistir de nosso estado de alerta máximo.

4 de outubro de 1999

Hoje ligaram vários clientes estrangeiros que não falavam nem uma palavra de castelhano. E começaram os problemas com Dolores. Como sou a única que fala vários idiomas, Dolores me acorda no meio da noite para me pedir que atenda às ligações. Acho demais, mas concordo porque as garotas e eu sabemos que Manolo vai descobrir cedo ou tarde. É a desculpa perfeita para nos livrarmos dela. O telefone está grampeado, e um dia, Manolo ou Cristina vão ouvir minha voz. Dolores afirmou que fala perfeitamente inglês e francês, de modo que ficou claro agora que ela os enganou. De fato, na manhã seguinte, Manolo aparece na casa para falar com Dolores, ou melhor, para lhe dar bronca. Diz que se vire como quiser, mas ela é quem tem que atender as ligações dos clientes, não nós.

Farejando que cedo ou tarde vai perder o emprego, Dolores fica flertando com os clientes o dia todo, depois desta conversa comigo:

— Quanto vocês conseguem ganhar por semana?

— Depende, Dolores. As semanas não são todas iguais.

— Bom, mas mais ou menos...

— Entre 3,5 mil e 4 mil euros.

Exagerei um pouco a quantia de propósito.

— O quê? Que absurdo! E pensar que eu ganho 1,2 mil euros por mês! É escandaloso!

— Sim. Mas eu abro as pernas, você não. É uma proporção justa, não acha?

Ela fica pensando. Acho que já está maquinando a possibilidade de ficar com uns clientes e fazer o máximo de dinheiro antes que seja mandada embora. As garotas tinham razão.

6 de outubro de 1999

Hoje pegamos Dolores dando seu número de telefone a um cliente que vem nos visitar toda semana. Ligamos para Manolo, e apesar de negar tudo, à tarde Dolores já está no olho da rua.

— Pegue suas coisas e caia fora! — grita Manolo.

Rotação de pessoal

7 de outubro de 1999

Depois do episódio protagonizado por Dolores, as garotas já não me olham como a suposta ladra das roupas de Isa. Estranhamente, não houve mais roubos na casa.

Hoje, quando chega Sofía, é como uma injeção de oxigênio em uma caixa de papelão com furinhos. Ela tem uns cinquenta anos e uma aparência hippie muito divertida. Usa saias compridas de listras coloridas, brincos enormes e um chapéu de veludo. Pressentimos sem demora que com essa nova gerente da noite vamos nos dar muito bem. Ela é culta, doce, e, além do mais, tem alguma coisa que me faz recordar minha avó paterna. Sua verdadeira vocação é cuidar dos animais. Ela os adora, e recolhe da rua qualquer ser vivo que tenha quatro patas. Sempre achei que as pessoas que amam os animais levam a bondade no coração e são incapazes de fazer o mal. Com Sofía, não me enganei. Ela é um amor de pessoa, e de uma generosidade transbordante.

Sofía tem um filhotinho de cachorro que chama Jordi, para reafirmar suas raízes catalãs. De catalão, o cachorrinho não tem nada, na verdade. É um bastardo encontrado nas ruas de Paris, onde Sofía passou longos períodos com um amante uns dez anos atrás. Para ela Jordi é tudo, e pediu licença a Manolo para levá-lo de vez em quando à casa, porque o animal, segundo ela, tem depressão quando fica sozinho. O proprietário concordou com a condição de que o cachorrinho não lata no meio da noite. Estou começando a acreditar que Manolo tem coração.

Passei a noite toda com Pedro, e quando volto, proponho a Sofía levar Jordi para passear. Enquanto ela me entrega o dinheiro da noite e o cachorrinho, comenta:

— Não seja boba. Quando acabar de pagar suas dívidas, economize. Não faça como todas as outras garotas, que gastam o dinheiro em roupas. Economize tudo que puder! E não se apaixone!

Mas o amor, quando chega e é de verdade, pega forte. E me aconteceu no lugar menos indicado, e com a pessoa menos esperada. Foi em 10 de outubro de 1999.

Primeiro encontro com Giovanni

10 de outubro de 1999

Já se passou pouco mais de um mês, e fazer sexo com desconhecidos já não tem nenhum tipo de interesse para mim. Tornou-se puro "exercício". Já ganhei quase 12 mil euros em apenas um mês de trabalho, e a esse ritmo, vou pagar minhas dívidas mais rápido do que imaginei. Se as coisas correrem bem, em cinco meses acabo de pagar; pretendo continuar trabalhando na Casa um pouquinho mais para me resolver financeiramente e depois mudar de vida.

Hoje à tarde estou em casa, fazendo limpeza, quando Susana me liga.

— Venha correndo, tenho dois clientes italianos esperando você. Precisa se apressar, porque eles têm que pegar um avião. Tudo bem, querida?

— Tudo bem. Vou me arrumar, mas você sabe que não posso voar. Vou tentar ir bem depressa. Diga que esperem.

Começo a me arrumar imediatamente. Só falta me maquiar e logo saio correndo para pegar um táxi. Ironia do destino… impossível achar um táxi livre. O tempo está passando, mais de meia hora desde a ligação de Susana, quando meu celular toca de novo.

— O que está fazendo, querida? Se não se apressar, vou ter que chamar outra garota.

— Eu sei, Susana. Estou tentando encontrar um táxi livre, mas é hora de saída do trabalho e não encontro nenhum. Por favor, diga aos clientes que estou a caminho e que tem muito trânsito. Por favor, Susana!

Outro dia eu teria me irritado com ela, mas, dessa vez, algo me diz que devo manter a calma. Chego finalmente à Casa com uma hora de atraso, o delineador borrado de tanto suor. Susana está irritada e os dois clientes italianos quase indo embora.

Apresento-me sem demora. São dois homens muito elegantes, como os italianos sabem ser; um pequeno, gordo e calvo, chamado Alessandro, e outro alto, magro e com uma malícia nos olhos que me faz querê-lo sem demora. Giovanni não é um homem bonito, mas seu rosto irradia serenidade e simpatia. Infelizmente, fica claro, uma vez mais, que não posso escolher. Volto ao quartinho onde estão Estefanía e Mae. As duas já se apresentaram, mas só Estefanía agradou a Alessandro. Lá no fundo sinto-me aliviada ao saber que vou ficar com o que mais me atrai.

Mae está frustrada; fuma sentada na cama, mas não faz muita cara feia agora, porque já se estabeleceu uma espécie de código de honra entre nós: "O cliente me escolheu, então não me encha o saco!".

Giovanni e eu vamos para a suíte e ele toma uma chuveirada rápida. Eu tiro a roupa, e quando ele sai do banho, começa a me abraçar forte, coisa que me surpreende, já que os homens nunca costumam fazer isso. Todos preferem ir direto ao que interessa. Ficamos entrelaçados uns instantes, e depois ele me olha com ternura e nos fundimos em um beijo doce. Nós dois temos vontade de beijar um ao outro, há como uma espécie de energia entre nós que nos atrai e faz que nos colemos como dois ímãs. De fato, estamos muito surpresos com essa atração, tanto ele quanto eu. Começamos a falar da Itália e das razões de sua viagem à Espanha. Enquanto isso, no quarto ao lado, ouvimos os gritos de Estefanía, que se fundem com os de Alessandro. Nossa atividade sexual está muito longe de alcançar esse nível. O encontro acaba depois de eu masturbar Giovanni, que está cansado demais para uma relação completa. Eu me conformei com o beijo que ele me deu e não me sinto nada frustrada. O que aconteceu entre nós é mais que gratificante para mim. Tenho a estranha sensação de conhecer esse homem desde sempre; seu cheiro, seu sorriso, suas mãos. Ao se despedir de mim, ele diz que vai voltar em dois dias, e que espera me ver outra vez. Também me pergunta meu nome verdadeiro.

— O que eu disse. É meu nome verdadeiro, juro.

—Ora! Não é verdade. Sei que seu nome é outro. — diz ele em italiano.

— Não, não, juro. Eu não tenho nome de guerra, se é a isso que se refere.

Ele vai embora rindo e me garantindo que da próxima vez vou acabar lhe dando meu verdadeiro nome e meu número de telefone. Eu não sei nada dele, nem sei se tornarei a vê-lo. Os homens prometem muitas coisas que depois não cumprem. Mas algo dentro de mim me diz que logo cruzarei seu caminho.

O homem de cristal

11 de outubro de 1999

Esse encontro com Giovanni me fez refletir muito sobre o caminho que percorri até agora. Acho que o destino está sempre brincando com as pessoas, e que tem muitos caminhos. Eu escolhi um, e fui conduzida a Giovanni por meio de uma casa de encontros. Se eu não houvesse tomado a decisão de entrar nessa, com certeza nunca o teria conhecido. Parecemos ter muito pouco em comum, e as probabilidades de nos encontrarmos fora dali são tão escassas... no fundo, a única coisa que procuro é amor. Talvez porque nunca me senti querida. Tudo que fiz até agora foi por um único objetivo: o amor. Encontro às cegas, aventuras de uma noite, a Casa, tantos meios para encontrar o que sempre procurei. Hoje me sinto muito feliz com essa descoberta, e pretendo transmiti-la para todo mundo.

E, com esse bom humor no corpo, vou trabalhar como de costume, decidida a fazer o bem ao meu redor, sem saber que minha "vítima" dessa noite será a pessoa mais necessitada desde que estou na casa.

Por volta das duas da madrugada Sofía me acorda, com Jordi no colo, para me passar um serviço. Um cliente novo, jovem, ligou e pediu uma europeia particularmente carinhosa.

— Você vai entender por que depois — explicou o cliente a Sofía.

Esta noite, Isa e eu somos as únicas garotas na Casa. Mas Sofía sabe que não pode mandar Isa, de modo que vou para a casa do cliente. Ele mora na parte alta da cidade, em um edifício muito bonito com vigilância 24 horas por dia.

Quando ele abre a porta, acho que não consigo disfarçar a surpresa e o susto em meu rosto, embora minha intenção seja parecer o mais natural possível. Iñigo está sorrindo diante de mim, bem acomodado em sua cadeira de rodas. Manda-me entrar sem demora na sala, porque "não adianta nada eu a levar para o quarto", explica, rindo com gosto. O apartamento é grande e moderno, mas tem um cheiro a ranço difícil de suportar. Todas as portas estão adaptadas para passar uma cadeira de rodas, e começo a me sentir muito mal pela desgraça desse rapaz, que não deve ter mais de 26 anos.

— Sou tetraplégico, quase 100% — diz do jeito mais natural do mundo.

Diante dessa afirmação, eu me sento em um canto do sofá — quase desabo — e lhe peço licença para acender um cigarro.

— Eu também fumo — diz. — Pode acender um para mim, por favor, e pô-lo em minha boca?

É o que faço sem demora, ansiosa para satisfazê-lo. Ele dá umas tragadas e com o olhar me pede, a seguir, que tire o cigarro de sua boca. Já foi o suficiente.

— Obrigado! — diz. — Agora, poderia me pegar no colo e me deitar no sofá? Eu posso fazer isso, mas é muito esforço.

Esse rapaz me inspira muito respeito, e hesito alguns segundos antes de pegá-lo, porque, como se ele fosse uma estatueta de cristal, não me atrevo a tocá-lo com medo de quebrar algo ou machucá-lo.

— Sem medo, não se preocupe, não sinto absolutamente nada. O único lugar onde tenho um pouco de sensibilidade é no pescoço, e um pouco nas mãos.

Ele parece ter lido meu pensamento.

Quando está deitado, ele me pede que tire sua roupa. É magrelo, tem todos os membros atrofiados e suas pernas não são mais grossas que meus braços. Estou muito constrangida. Seu pequeno sexo — pequenininho, na verdade — está, para minha grande surpresa, ereto.

— Desde que sofri o acidente está sempre assim. Não é por excitação — explica —, não sinto nada aí embaixo.

E torna a gargalhar. Eu me sinto uma idiota, e mentalmente me dou bofetadas por ter querido morrer mais de uma vez. Que direito eu tinha a me sentir miserável quando a verdadeira desgraça está diante de mim, encarnada nesse rapaz cheio de vitalidade e bom humor?

Evidentemente, não acontece nada entre nós; só passo uma hora dando beijinhos em seu pescoço, que ele agradece com gemidinhos.

Volto para casa decidida a não me queixar nunca mais, e não quero contar nada sobre Iñigo a nenhuma garota, nem às gerentes. Esse episódio foi algo que o destino me mandou para me fazer reagir, viver o presente, e para aproveitar as oportunidades quando surgem, sem pensar duas vezes.

E como ele é?
Onde se apaixonou por você?

12 *de outubro de* 1999

Giovanni ligou de novo. Sim, ligou de novo! Cumpriu o que disse. E está me esperando, junto com Alessandro, às quatro da tarde na Casa. Susana me avisou de manhã e pulei de alegria.

— Que foi, querida? Parece que vai se casar com ele!

Obviamente, tive que me controlar um pouco na frente de Susana. Senão, ela poderia suspeitar de alguma coisa. Não tenho intenção de dar o número de meu telefone a Giovanni no segundo encontro. Primeiro, porque quero conhecê-lo um pouco mais. Depois, porque corro o risco de ter problemas na casa. Somos muito controladas, e tenho medo dos proprietários.

Nessa ocasião, Alessandro decidiu passar uma hora com Mae. Parece que agora gosta dela. Ao entrar, vejo Giovanni sozinho, esperando-me, porque, uma vez mais, chego atrasada. Mas seu sorriso quando apareço na sala me faz entender que sua vontade em me ver superou sua impaciência.

Dessa vez ficamos no quartinho, pois a suíte está ocupada por Alessandro. Não estamos muito confortáveis, mas não importa. Fazemos amor como eu jamais suspeitaria que poderia fazer em um lugar como esse. Deixamo-nos levar por todo tipo de brincadeira, e quando o tempo acaba, Susana bate na porta para nos recordar que já é hora de sair.

— Dê-me seu telefone — pede ele de repente.

— Não, desculpe, não posso — respondo sem lhe dar nenhuma explicação.

— Mas, por quê? Não quer me ver de novo? Você poderia viajar comigo de vez em quando. Vou pagar, se é o que a preocupa.

— Claro que quero vê-lo de novo! Mas não fora da Casa.

E aponto o teto com o dedo para fazê-lo entender que estão nos gravando.

— Que foi?

Ele não parece entender nada, e pega minhas mãos para suplicar que lhe explique o que está acontecendo.

Então, procuro na bolsa um papel e uma caneta e escrevo: "Há microfones no quarto".

Ele pega a caneta e escreve: "Dê-me seu telefone, *per piacere*".

Não dou. Morro de vontade de dar-lhe o número, mas não sei o que me dá. Não o dou nessa ocasião. Giovanni vai embora meio triste, mas prometendo-me voltar no dia 25 de novembro para passar a noite inteira comigo, mas fora da Casa. Até essa data falta muito ainda, e não sei como vou fazer para suportar sua ausência. Esse segundo encontro com Giovanni me impactou, e com certeza afetará meu trabalho na Casa. Estou lutando contra mim mesma, porque acho que Giovanni pode ser o grande amor da minha vida, mas não sei o que ele sente. Sem dúvida gostou muito de mim, mas nada mais. Não quero me arriscar de novo com um homem. Estou muito longe de pensar que ele se apaixonou perdidamente por mim.

Acidente de trabalho

22 de outubro de 1999

Continuo nas nuvens dez dias depois de meu encontro com Giovanni. Não tenho como entrar em contato com ele. Só ele pode me procurar por meio de Susana ou de Sofía. Penso nele 24 horas por dia e trabalho cada vez menos. Fisicamente, não tenho forças. Psicologicamente, só tenho uma pessoa na cabeça: ele. Atendo a poucos clientes, mas continuo ganhando bastante dinheiro. Mas me limito a atender aos habituais. A questão da infidelidade nunca gerou problemas de consciência. De fato, eu sempre achei que infidelidade não existe. Achava que é possível ser fiel mesmo mantendo relações sexuais com outras pessoas. O corpo dá para dividir, mas a alma, definitivamente não. Desde Giovanni, cada vez que estive com um cliente novo me senti mal, e não consigo explicar por quê.

Hoje Pedro vem me buscar para passar a noite comigo. Vou de má vontade, meio irritadiça, porque sei que vou ter que escutar suas lamúrias mais uma vez. Já estou farta! Acho que para não ter que dar uma de mamãe de novo, dessa vez vou ter que fazer sexo com ele. Assim vai se acalmar, e talvez me deixe em paz. Ao me propor sair para jantar, digo que não, e o convido a ir diretamente para o hotel. Vejo em seus olhos que adorou a ideia. É a primeira vez que tomo esse tipo de iniciativa. Ele nem acredita, mas não se faz de rogado. E acontece o que devia ter acontecido muito antes.

Estamos nus em cima da colcha, que hoje tem uma função bem definida: secar minhas lágrimas que correm sem parar. Estou chorando como uma louca.

— Por favor, não fique assim. Não vai acontecer nada, você vai ver — sussurra Pedro para tentar me acalmar.

Sinto um nó na garganta que me impede de respirar e torna mais dolorosas as lágrimas, que vão correndo como rios em meu rosto.

— Como você sabe? Você disse que nunca fez o teste — falo com palavras entrecortadas. — Você é um covarde. Isso é o que você é! Eu sempre fiz. Sempre, sempre, sempre!

Pedro está aterrorizado ao me ver neste estado e tenta me convencer de algo que não pode evitar.

— Ah, por favor! Não fiz o teste porque não tinha nenhuma razão para isso. Já lhe disse que faz quatro anos que não faço amor com minha mulher. Além de você, não tive nenhuma relação extraconjugal.

— Eu não sou nenhuma relação extraconjugal! — digo de um fôlego só.

O ar começa a circular de novo dentro de minha garganta.

Mas, diante da visão do preservativo rasgado em sua mão, tenho outro ataque de pânico. Levanto-me e me tranco no banheiro.

— Vamos fazer uma coisa. Amanhã mesmo farei um teste de HIV, e como nenhum dos dois tem, você vai ficar mais tranquila. Tudo bem assim?

Suas palavras batem na porta do banheiro. Não consigo responder e o odeio com todas as minhas forças por ter vertido seu sêmen em mim, sem minha permissão, por não ter sabido colocar o preservativo direito, por querer me dar amor sem que eu tenha lhe pedido nada. Eu o odeio com toda minha alma, e o que acaba de acontecer me dá nojo. É um castigo de Deus, penso. E entro no chuveiro para eliminar qualquer rastro do pecado.

Saindo do armário

30 de outubro de 1999

Faz uma semana que estou muito atormentada por causa de Pedro, e isso repercutiu em meu trabalho na Casa. Recuso muitos serviços que me oferecem e estou desanimada de novo. Pedi a Pedro que não me procurasse até ter o resultado do exame.

Com as garotas continua tudo bem, e até confessei hoje a Cindy o que aconteceu. Ela adotou um ar grave e tentou me consolar dizendo que há muito pouca probabilidade de eu pegar uma doença dessas com uma pessoa como Pedro. Também me explicou que aconteceu o mesmo com ela em duas ocasiões, e que é o risco desse trabalho.

— Nunca estamos a salvo de um preservativo que não funciona — explica ela. — Quanto mais relações tiver, mais possibilidades de acontecer algo assim.

Curiosamente, até agora eu não havia pensado nisso, e me odeio ainda mais por isso. No fundo, esse rapaz não tem culpa nenhuma. Pode acontecer com qualquer um. Mas eu o responsabilizo por todos os meus males presentes e pela ausência de uma pessoa: Giovanni. Pedro literalmente desapareceu do mapa, e isso me faz temer o pior. Passar uma noite inteira com ele de novo, embora não me agrade, significaria o fim de minha "paranoia soropositiva". Mas há um problema. Pedro nunca mais pisou na Casa.

A essa angústia somam-se as suspeitas dos proprietários, que acham que encontro Pedro fora da Casa e cobro por meus serviços sem dar a eles metade do dinheiro. Não é verdade, evidentemente. Se eles soubessem!

Esta noite aceito fazer um serviço na casa de uma mulher. A cliente é uma garota bonita de 20 anos, que me abriu a porta de camisola branca transparente, com crochê nas mangas e no decote. Ela é muito bonita, mas fico surpresa ao ver alguém tão jovem.

O apartamento parece enorme, com pé-direito alto e um corredor que não acaba nunca. Ela me leva a uma salinha para convidados, onde me oferece uma bebida.

— Meu nome é Beth — diz ela enquanto me entrega o copo de uísque que pedi.

— Está sozinha hoje?

— Sim. Meus pais estão viajando e fiquei entediada, por isso telefonei em busca de companhia. Está surpresa por encontrar uma mulher?

— Não, em absoluto — digo com toda a naturalidade. — O que me surpreende é encontrar uma mulher tão jovem com ideias tão claras. Isso é o que me surpreende!

— Já me disseram isso muitas vezes. Mas, o que posso dizer? Gosto tanto de homens como de mulheres. E hoje quero ficar com uma mulher. Além do mais, meu namorado me abandonou, e quero tentar esquecê-lo.

Enquanto conversamos tranquilamente, ouço um barulho estranho proveniente de outra sala. Não estamos sozinhas na casa. Devo estar com cara de preocupação, porque Beth tenta me tranquilizar sem demora.

— É Paki, meu cachorro. Não se preocupe!

Aparece na sala um pastor alemão lindo, com a língua de fora, arfando.

— Olá, meu amor! Venha aqui, meu amor, venha!

O cachorro se aproxima, cheira-me um pouco e depois põe o nariz debaixo da camisola de Beth. Ela, que não parece se incomodar com a insolência do animal, acaricia os flancos dele.

— Ela é amiga, viu? Somos amigas — diz ao cachorro, para o caso de que ele tenha a mínima intenção de me atacar e me arrancar parte do rosto.

Essa frase de Beth não me tranquiliza em nada. Ao contrário.

— Ele é agressivo? — pergunto, meio de brincadeira.

Na verdade, estou assustada.

— Não, fique tranquila! É que ele não gosta de intrusos. Mas é um bom menino.

Agora Beth está coçando as costas dele.

Há algo de sensual em Beth que me faz estremecer. Ela tem a doçura de uma adolescente, e, ao mesmo tempo, muita malícia sexual nos olhos. Enquanto a observo, torno a ouvir um barulho proveniente de outro lugar no apartamento.

— Beth, há mais alguém aqui, não é?

— Não! Não se preocupe. Deve ter caído alguma coisa. Vou ver. Fique aqui!

— Beth, por favor. Não tem problema, prefiro que você me diga a verdade.

Ignorando minhas palavras, ela sai da sala.

— Já volto — diz, dando-me as costas.

Tenho certeza de que há outra pessoa no apartamento. Além do mais, o cachorro não se mexeu; com certeza é alguém que ele conhece e Beth mentiu para mim.

Passam-se uns cinco minutos, durante os quais eu não me atrevo a me mexer. Paki começa a me cheirar novamente, dá um bocejo e se deita.

— Pelo visto, já ficaram amigos — diz Beth ao voltar e notar o cachorro deitado aos meus pés.

— Sim... mais ou menos. Gosto muito de cães, e acho que Paki percebeu. Então, o que era?

— Nada. A lenha na lareira do meu quarto. Quer vê-la?

É um claro convite para ir a seu quarto; e a sigo, com nossos copos em uma mão, a bolsa na outra e o cachorro atrás. O dormitório é bem amplo e bonito, decorado com móveis rústicos e uma cama em forma de barco. Os lençóis, brancos, imaculados, estão muito amassados, de uma ponta a outra da cama, e, em frente, há uma lareira com um princípio de fogo.

O criado-mudo está cheio de copos com restos de alguma bebida alcoólica, e nas laterais, há manchas brancas.

— Meu namorado veio hoje à tarde. Fomos para a cama e depois terminamos. Estranho, não? — diz Beth, cheirando uma carreira de cocaína. — Quer?

Ela acabou de fazer uma carreira com os restos do pó branco do criado--mudo. Com um dedo, recolhe o que resta e o chupa.

— Não, obrigada. Não gosto dessas coisas.

Imagino por um instante Beth de pernas abertas debaixo de um moreno musculoso, dando seus últimos gemidos de prazer. Devem ter passado a tarde cheirando cocaína, e depois, ela, doidona, deve tê-lo mandado embora com lágrimas nos olhos, mandado desaparecer de sua vida para sempre. À noite, depois de recuperar a lucidez, ligou para a Casa para chamar uma garota e se vingar de todos os homens da Terra, particularmente de seu namorado. Eu a entendo.

Ela entrelaça os braços em volta de meu pescoço e me dá um beijo na boca. Sua língua é quente e muito amarga por causa da coca que acaba de consumir. Em pouco tempo minha língua fica intumescida. Com essa desagradável sensação vamos para a cama, até que ouço barulho outra vez. Não vem da lareira, isso eu posso garantir! Vem de um imenso armário ao lado da janela. Alarmada, eu me levanto, apesar de Beth tentar me segurar.

— Não é nada! Volte aqui, você não pode deixar assim na metade!

Não lhe dou ouvidos e abro a porta do armário.

— Então era a lenha na lareira! — exclamo ao ver uma silhueta no fundo do armário.

Enfio a mão e puxo o homem pela manga.

— Você, saia daí! Chega de brincar de esconde-esconde!

O sujeito sai tão bruscamente que quase cai com o puxão que acabo de lhe dar. Não acredito que ele fez isso comigo! A minha frente está Pedro, envergonhado por sua jogada frustrada e por ter sido descoberto.

— É você? — grito, esquecendo por completo minha boa educação. — Que caralho está fazendo aqui, pode me explicar?

Pedro tenta se recompor e se senta ao lado de Beth, que parece ter caído em uma crise de histeria. Suas risadas ecoam por todo o dormitório e Paki começa a latir.

— Desculpe, querida — por fim Pedro decide falar. — Eu queria lhe dar um presente especial e contratei esta mulher para você se divertir. Depois, eu ia segui-la até a Casa para dizer que o teste deu negativo.

Ele abaixa a cabeça e seu queixo fica grudado no pescoço, como um menino que acaba de fazer uma de suas travessuras.

— Pois seu presente é de muito mau gosto! E com certeza você queria participar. Você deveria ter me recebido na porta, tolo. Você me deu um susto de matar. Como você é incapaz de ter uma ereção decente, deixa o trabalho para os outros. E contrata uma mulher. Não poderia deixar eu me divertir com outro homem? Egoísta!

Estou satisfeita, mas já estou me arrependendo de metade das palavras que disse.

— E você, quem é? — pergunto a Beth, que por fim se acalmou e continua procurando restos de pó branco no criado-mudo.

— Eu? — pergunta ela como se houvesse outra pessoa no quarto. — Eu sou como você. Faço o mesmo trabalho que você, mas atendo em minha casa.

E começa a rir novamente. As tentativas de Pedro para acalmá-la são um fracasso. Pego minha bolsa e saio batendo a porta no nariz do pobre Paki, que me acompanha até a saída.

Pedro decide me seguir, e uma vez na rua, começa a correr para tentar reduzir os cem metros de distância que nos separam.

— Espere! Espere, por favor — grita sem fôlego.

Faço um sinal para o primeiro táxi livre que desce a rua.

— Case-se comigo, por favor! Eu suplico!

— Vá à merda — sussurro.

E volto diretamente para a Casa.

Troca de casais

25 de novembro de 1999

Sete da noite.

Hoje, nem sinal de Giovanni. Ele me prometeu que viria e que passaríamos a noite toda juntos. Mas Susana não me ligou para avisar que tenho a noite reservada. Estive muito nervosa o dia todo, e tive a familiar sensação de ter sido enganada pela segunda vez na vida. Tentei dormir um pouco para esquecer, mas não consegui pregar o olho. Então, fui à academia para descarregar a tensão. Evidentemente, levei o celular, caso me chamem de última hora. Bem no fundo, não perco a esperança de ver outra vez o italiano que roubou meu coração.

Nove e quinze da noite.

Já estou há uma hora levantando pesos e insultando mentalmente todos os homens da Terra, quando acontece a tão esperada ligação deste mês de novembro.

— Só para lembrá-la que às onze você tem que estar no hotel Hilton.

— Como "só para lembrar"? Susana, eu não sabia de nada até agora!

— Bom, então já sabe — diz ela meio perplexa. — Mae e você vão passar a noite toda com os italianos. Fique feliz, querida, mais dinheiro para você.

Já é tarde e tenho pouco tempo. Corro até minha casa, ainda de legging, e entro rapidamente no chuveiro. A raiva que senti o dia todo deu lugar à alegria, por isso optei por não brigar mais com Susana por seu aviso tardio. Infelizmente, não tenho muito tempo para ficar bonita e experimentar vários modelitos, de modo que tenho que escolher o primeiro que aparece, a saber, um conjunto preto e um casaco de caxemira. Tenho que primeiro passar para pegar Mae, e peço ao taxista que nos espere. Subo a escada de quatro em quatro degraus. Mae está divina, de matar, e deduzo que foi avisada muito antes que eu, porque teve até tempo de ir ao cabeleireiro.

Susana está me esperando com o papelzinho onde estão anotados os quartos do hotel, e descubro, com horror, o seguinte:

Val e Alessandro, quarto 624. Mae e Giovanni, quarto 620.

Não posso acreditar no que estou lendo.

— Acho que está errado! — advirto Susana imediatamente.

— Errado? Onde?

— Nos nomes! É ao contrário, não?

Mae está me olhando desafiadora, e diz, irônica:

— Vai ver que querem mudar. Já fiquei com Alessandro da última vez. Agora ele é todo seu. Além do mais, eu não gostei dele. O outro parece melhor de cama. Depois lhe conto como foi a noite!

Tenho que me segurar para não pular em seu pescoço e arrancar seus cabelos. Não posso acreditar. Como alguém pode ser tão cruel? Como esse homem pôde me fazer acreditar que gostava de mim? E, ainda por cima, ele me faz ficar com o amigo! Começo a sentir tontura e quase desmaio. Não sei se saio correndo ou se passo a noite com Alessandro para ser a melhor amante que ele jamais teve, para que, no dia seguinte, ele conte a Giovanni que noite maravilhosa passou comigo. Quero fazê-lo sofrer e morrer de ciúmes. No fim, decido não sair correndo; vamos de táxi até o hotel. Chegamos dez minutos antes, e sugiro a Mae beber alguma coisa no bar. Preciso de algo forte para aguentar a humilhação que estão me fazendo passar, e a pouca vergonha desse homem. Vai me olhar nos olhos? Será que vamos nos ver?

Peço um uísque puro, sem gelo, e enquanto bebo de um gole só, vejo que Mae está radiante de felicidade, tomando sua Fanta Laranja com canudinho vermelho. Todos estão debochando de mim; não entendo por que me coube esse papel improvisado de palhaça.

Largamos os copos vazios em cima do balcão e subimos rapidamente até o sexto andar. Eu estou vermelha de raiva, e quando chegamos ao quarto 620, Mae quer se despedir de mim rapidinho.

— Bom, eu paro aqui. Seu quarto é um pouquinho mais no fundo do corredor.

E bate na porta.

Eu continuo ali, plantada, com a firme intenção de ver Giovanni.

— Já disse que seu quarto é mais adiante! — repete Mae, alterada.

Giovanni abre a porta e Alessandro surge imediatamente atrás dele. Estão juntos no 620, e nos fazem entrar, para grande decepção de Mae, que, tentando esconder sua raiva, começa a brincar com eles sobre a possibilidade de fazer uma orgia. Eu faço uma clara cara de enterro, e Giovanni percebe sem demora.

— Algum problema?

— Não, não! Tudo bem… — minto. — Posso fumar aqui?

— Sim, claro! Fume. Fume o quanto quiser. Mas deixe-me tirar isso.

Ele se aproxima para me ajudar com o casaco. Mae se senta na cama e pega um cigarro, enquanto Alessandro fica ao seu lado e começam a conversar. Eu não tenho nada a dizer, quero ir embora logo; nem entendo por que decidi fazer o programa. Depois de um tempo, ao ver a cara de autossuficiência de Mae, não aguento mais e começo a ferver por dentro.

— Muito bem, vamos ao que interessa. Como eu tenho que passar a noite com Alessandro e Mae com Giovanni, acho que temos que ir — comento, dirigindo-me a Alessandro, que está se deleitando descaradamente com o decote da minha atual pior inimiga.

Giovanni fica petrificado e Alessandro começa a rir, contagiando o amigo, que explode em gargalhadas. Mae olha para mim censurando minha insolência, e tenho vontade de quebrar a cara de todos.

— Você fica aqui comigo, boba! — diz Giovanni quando acaba de chorar de rir.

— Ah é? Então você não vai ficar com a Mae?

— Com a Mae? Alessandro vai ficar com a Mae! Eu escolhi você. Que história é essa? — diz ele, sério.

— Não sei! Explique você! Disseram-me que eu tinha que ir ao quarto 624, com Alessandro.

— *Ma no*, boba! — solta meio em italiano.

Ele fala bem castelhano, mas de vez em quando não pode evitar intercalar uma palavra em seu idioma. *Como é sexy!*, penso.

— É justamente o contrário. Eles devem ter se enganado! — diz.

Que brincadeira foi essa? Sinto vontade de chorar de alegria, e, ao mesmo tempo, de vergonha por minha atitude, e peço licença para ir ao banheiro. Tranco-me ali uns cinco minutos, depois dos quais Giovanni vai me buscar.

— Você está bem? — pergunta preocupado.

— Agora sim. Estou melhor. É verdade que você não queria ficar com Mae?

— Claro que não! Eu lhe prometi que ia passar uma noite inteira com você, e aqui estou.

— Nem sequer desejou ficar com ela?

Ele parece desolado pelo desafortunado acontecimento, e, como resposta, pega-me no colo. Os dois já foram, estamos enfim sós.

— Nem sequer por um segundo?

Fazemos amor a noite toda, e descubro, para minha grande surpresa, que posso ter orgasmos múltiplos. Não lhe importa quem eu sou, não lhe importa se pagou, não lhe importa o tempo nem minha verdadeira identidade, só lhe importa meu prazer. Nada mais lhe importa.

No dia seguinte, depois de um abundante café da manhã no quarto, que Giovanni pediu especialmente para mim, dou-lhe meu telefone rogando que não diga nada a ninguém.

Isso será como assinar minha própria sentença de morte na Casa. Meus dias de trabalho estão contados, e ainda nem suspeito.

Meu anjo da guarda

Em minha descida ao inferno
encontrei um pedaço de paraíso

Quando Giovanni e eu nos conhecemos, eu soube que jamais pertenceria a mais ninguém. Foi como se em um instante se aplacasse a cólica que fora me consumindo no baixo ventre todos esses anos, e respondesse de uma vez por todas às minhas perguntas sobre o amor, o sexo, a fidelidade e as aventuras de uma noite.

Porque, em minha descida ao inferno encontrei um pequeno paraíso. Meu Deus particular tinha o aspecto de um homem maduro, alto, cabelo preto meio grisalho, rosto em forma de pera madura, olhos verdes intensos, mãos fortes, unhas cortadas de forma meio desigual. Ele não as roía, só as pelinhas em volta. Dois ou três pelinhos sobressaíam de seu nariz potente. Ele tinha um pouco de barriga, o que eu adorava, pois lhe dava um ar doce, especialmente quando ele punha minha cabeça em cima e a acariciava suavemente. De vez em quando eu introduzia o dedo em seu umbiguinho. Sempre gostei disso, mas sei que ele não. Meu Deus cheirava a brisa e a amêndoas, a gotinhas de rosa do jardim pela manhã, e a lenha recém-cortada, e a palha de granja, e a grama bem verde depois de um dilúvio. À tarde, a páginas de um livro recém-publicado; a iogurte natural integral; a leão ardente ao cair da noite. E a pêssego macio, mas sem aquela sensação desagradável nos dentes quando o mordemos com força. O Deus tinha um pelinho rebelde em cima da sobrancelha direita, que eu sempre cumprimentava quando nos encontrávamos. Um dia desapareceu, e ficamos procurando-o com desespero entre os lençóis. O pelinho rebelde havia ido embora. Um mês depois apareceu outro. Foi quando me convenci de que a imortalidade existe. Aquele Deus sempre me surpreendia!

Ele tinha dentes curiosos. Brancos, sim, mas cavalgavam uns nos outros. E quando ele ria, davam-lhe um ar de criança, com seus dentes de leite que nunca caem. Esse Deus nunca brigava comigo. Quando eu ficava brava, ele me observava com seus grandes olhos e me dava beijinhos na testa para me acalmar. Esse meu Deus tinha o instinto das mães quando os bebês choram. Quando eu tinha medo, ele me pegava no colo e balançava meu berço invisível.

Sua boca era fininha, de um rosa pastel, como se usasse batom, e me deixava louca quando dizia que pensava em mim a cada fração de segundo. Ensinou--me a entregar o mais belo dos presentes: os beijos. Ele devorava minha boca. E eu, na verdade, não fazia direito. Mas isso poucas vezes ele me disse.

Meu Deus também chorava noites inteiras, escondido debaixo do travesseiro, ao ouvir a Sinfonia do Novo Mundo, de Dvořák, quando sabia que eu estava nos braços de outro. E foi quando descobri que as lágrimas de um homem são o melhor presente para uma mulher apaixonada.

Ele tinha um pequeno defeito: não sabia pronunciar o C. Tentei lhe ensinar, mas podíamos passar noites inteiras cuspindo, sem sucesso. Como Deus era divertido! Mas do que eu mais gostava era de receber sua bênção. Deus era generoso, e me abençoava sempre que eu pedia.

Odisseia em Odessa

8 de dezembro de 1999

Desde o dia em que deixei meu telefone com Giovanni, começamos a nos comunicar. De início, ele me ligava uma vez por semana, mas depois não conseguíamos passar um só dia sem escutar a voz um do outro. Eu continuo na Casa, trabalhando, e quando Giovanni me liga e cai na caixa postal, entende sem demora. Até agora não me disse nada nem me censurou, mas sei que não gosta. Uma vez, eu o ouvi reprimir umas lágrimas.

Eu não lhe contei minha vida, ele também não me perguntou nada. Por respeito, também não fiz perguntas sobre sua situação.

Hoje, Giovanni me ligou para saber se no meio do mês posso tirar uns dias para viajar com ele. Ele tem que fechar um contrato e quer que eu o acompanhe. Arranjar uma desculpa para me ausentar vários dias seguidos da Casa não vai ser fácil. Especialmente porque Mae já comentou com Cristina que notou muita química entre o italiano e eu. E ela suspeita que eu lhe dei meu telefone. Está claramente enciumada, e acho que anda contando mais histórias sobre mim que não são verdade. O ambiente está cada dia mais tenso, e Manolo começou a me controlar de uma forma exagerada. Quando meus clientes habituais ligam, ele até tenta mandar outra garota, explicando que eu não estou. Com isso, pretende que as garotas arranquem aos poucos informações deles. Eu, de verdade, não acho que fiz nada errado.

De modo que tenho que inventar uma boa desculpa para poder viajar tranquila com Giovanni. Vou fingir uma gastrenterite cavalar para conseguir sair da Casa.

12 de dezembro de 1999

Odessa é uma cidade da Ucrânia que fica às margens do mar Negro. Giovanni e eu chegamos acompanhados por um tradutor oficial, muito amigo dele, que nos arranjou hospedagem em uma das *datchas*, típico chalé da região, dentro de um antigo centro de férias soviético.

A tarde está muito fria. Uma gaivota se aproxima da janela. Jamais vi uma gaivota de perto. Ela pousa na sacada e nos olha, prepotente, enquanto fazemos amor apoiados na cômoda do quarto. Eu também a observo. De vez em quando, ela devora com os olhos a torrada que Boris fez para nós, com um pouco de caviar ao lado. Mas continua imóvel, respeitosa diante do que está vendo. Nesses momentos, tento imaginar como as gaivotas fazem amor e se o bico serve para algum ritual prévio.

Depois, Giovanni me pergunta por que estou tão quieta e se a gaivota continua ali.

— Está nos observando.

Giovanni começa a berrar.

— *Porca putana! Fuori!*

A gaivota permanece impassível, gorda como um bicho de pelúcia redondo. Continua ali... Eu a imagino imortalizada por um taxidermista, em meu criado-mudo. Não! Não vai caber. Ela é gigantesca. Giovanni continua me penetrando, gemendo como lhe é peculiar.

Senti-lo assim, enquanto esse pássaro me observa, faz com que eu entre em outra dimensão. Só de prazer e natureza. Giovanni interrompe a cadência de repente. Não consegue se concentrar hoje. Depois do amor, vai tomar banho. Eu aproveito esse pequeno momento de solidão para pegar sua camisa e observar as iniciais bordadas nela. Todas as suas camisas têm iniciais. Gosto de passar o dedo por cima, sentir o relevo da linha. As acaricio várias vezes, fechando os olhos, imaginando que sou cega e que leio em braile. É um momento único para mim, e não quero que Giovanni me surpreenda assim. Quando ouço que está pronto para sair do banheiro, ponho a camisa no lugar.

14 de dezembro de 1999

Ela chega em uma limusine preta, de janelas com película escura. Giovanni e eu estamos do lado de fora da *datcha*, olhando o mar e compreendendo por que tem o nome que tem. É tão escuro que parece um enorme saco plástico. Só o sussurro das ondas que morrem na margem nos faz recordar que é água. A lua reflete timidamente ao longe, e enormes nuvens carregadas de amargura a cercam por todos os lados.

O motorista sai do carro e abre a porta de trás. Giovanni e eu prendemos a respiração. Ela sai, linda, com um vestido preto e sapatos de salto prateados. Tem cabelo muito curto, com um V desenhado no pescoço tão fino que eu poderia rodeá-lo com a mão. Suas clavículas se destacam e lhe dão um ar de modelo de passarela, tesouro não descoberto ainda, de um corpo ainda não formado, com duas tachinhas no lugar dos seios que espetam o vestido e vão desenhando uma forma muito graciosa. É lindíssima. Giovanni lhe estende a mão, e sem dizer nada, escolta-a até a casa. Ali está Boris, nosso tradutor oficial, com sua garrafa de vodca, enchendo o copo compulsivamente como se estivesse prestes a fazer uma prova. Giovanni quer lhe dar um presente e mandou chamar uma princesa.

A princesa entre as princesas se senta à mesa com Boris, e, sem pedir licença, começa a beber vodca de seu copo. Giovanni e eu a observamos, divertidos. Fico alucinada de ver como parece jovem, e pergunto sua idade para tirar um peso das costas, dando por certo que tem pelo menos 18. Boris traduz sua resposta:

— Tem 16 anos — diz com um sorriso infantil.

Quase caio para trás. Giovanni fica perplexo. De repente eu me sinto cúmplice de um crime, de algo terrível que vai acontecer, e não suporto a ideia. Peço a Giovanni para por favor a mandar para casa, que eu não posso consentir que algo aconteça com essa menina. Imploro, suplico, peço de joelhos. Giovanni concorda, mas também me explica que talvez ela esteja bem. É melhor para ela estar conosco, que vamos tratá-la muito bem, que com um sádico desgraçado disposto a qualquer coisa. Com ou sem nós, ela vai continuar fazendo isso. Ela parece à vontade. Então, depois que lhe perguntamos se quer ir embora, recebendo seu dinheiro mesmo assim, a princesa decide ficar. Eu passo um tempo observando-a, vendo-me refletida nessa menina. Observo como se mexe, como ri. No tornozelo direito usa uma pulseira com sininhos que se agitam cada vez que ela se mexe, emitindo barulhinhos exóticos por toda a sala de estar da *datcha*. Boris está com o copo na mão, a uns dois metros dela, olhando-a fixamente. Giovanni e eu observamos o espetáculo deitados em um sofá muito velho, cheio de manchas suspeitas e furinhos de queimaduras de cigarro, provas de bacanais noturnos anteriores. Yana começa a desabotoar o vestido, e me sinto corar. Seu sorriso é limpo, sincero, o que nesse contexto me causa mal-estar. Ela parece feliz e à vontade com essa dança provocante para um público de três pessoas.

Yana se aproxima de Boris e sussurra algo em seu ouvido.

— O que ela disse? — pergunto espontaneamente.

— Disse que você é muito bonita e que adorou seus brincos — explica Boris, tomando um gole de vodca.

Sinto-me ainda pior; abaixo a cabeça, como se isso me ajudasse a desaparecer. Quando me digno a olhar a cena de novo, Yana já está sentada em cima de Boris e o provocando com o movimento de seu peito nu e redondo no rosto dele. Está só com uma tanga verde fluorescente. Giovanni se levanta e apaga as luzes da *datcha*. Eu só vejo os movimentos desenfreados desse pequeno V verde que pisca e fico tonta. Pego meu amante pela mão e o levo até a escada que conduz ao quarto. Ali fazemos amor, ao som dos gritos de Yana. Na manhã seguinte, desço com muito pudor e encontro a princesa completamente nua, dormindo no sofá da sala. Subo de novo a escada, quase correndo, mas com muito cuidado para não fazer barulho. Uma vez no quarto, sem fôlego, começo a procurá-los ansiosa. Onde os deixei? Debaixo da cama, ao lado dos sapatos, estão jogados. Pego-os, certificando-me de que Giovanni continua profundamente adormecido, desço outra vez a escada e procuro a bolsa de Yana. Nem me atrevo a tocá-la. Só abro o zíper, e, em um bolso interno, deposito meus brincos.

15 de dezembro de 1999

O esmalte branco está descascado em vários lugares da banheira, e a mangueira do chuveirinho completamente enferrujada. Água quente só de vez em quando, mas nunca na hora em que Giovanni e eu tomamos banho. Não tem jeito, temos que nos virar assim mesmo. Faço uma careta de desagrado quando, de manhã, o jato de água gelada toca minha pele. Giovanni está me olhando, divertido, com a escova de dentes na boca e a espuma da pasta branca quase cobrindo seus lábios rosados. Esfrego-me rapidamente com o sabonete que compramos na Europa (o sabonete ucraniano tem uma cor suspeita, cheira mal e parece uma pedra, tanto que quando o vi, exclamei: "Veja, é uma pedra-pomes!"). Pulo do chuveiro, ainda com restos de sabonete, procurando um canto no chão que pareça mais ou menos limpo. Giovanni tem que me segurar para eu não cair de bunda no chão frio. E acabamos gargalhando. É nossa vida "luxuosa". Boris se lava embaixo, em um banheirinho que tem só uma pia, mas que lhe serve perfeitamente, segundo ele. Sinto um pouco de nojo, mas quem tem vontade de entrar debaixo de um chuveiro antártico?

Nos quartos há vestígios do antigo regime comunista, velhos microfones em todas as paredes e sensores nas janelas. Aliás, os microfones me seguem por todo lado. A varanda, supostamente de frente para o mar, tem colunas de cimento que impedem ver o exterior. Ali deixo meus tênis, que têm cheiro de cachorro selvagem no fim do dia. Até Giovanni, que aceita tudo de mim, disse:

— Ou seus tênis ou eu.

De modo que obedeço, porque, na verdade, nem eu aguento o cheiro.

Giovanni e eu fazemos amor três ou quatro vezes ao dia. Eu me sinto bem com ele. Aprendo a fazer a rãzinha louca — eu sentada na beira da cama com as pernas abertas e me masturbando para ele, com uma garrafa de água mineral sem gás que derramo de vez em quando sobre meu ventre —, o submarino francês — boquinha em forma de coração perfeitamente identificada que vai entrando embaixo dos lençóis, e, com um movimento rotativo dos lábios, absorve completamente o pênis ali presente —, e a "levretina" — etimologicamente, do francês, *levrette*, "de quatro", para ser mais exata, mas com um toque italiano. Giovanni e eu fazemos um monte de coisas nessa cama manca. Mas ele nunca me compartilha com ninguém; se bem que amanhã haverá uma exceção, chamada Kateryna.

Boris quer ver a princesa de novo, mas, como bom discípulo que é, deseja dividir. Está absolutamente descartada a possibilidade de fazer amor a três com Yana (assim decidi eu, e Giovanni está de acordo comigo). Então, ele teve a ideia de chamar uma amiga dela, maior de idade, especialista em *ménage*, garantiu a agência. E é assim que conhecemos Kateryna. Chegam as duas na mesma limusine que trouxe Yana na primeira noite. Para nossa grande surpresa, a princesa chega vestida como uma adolescente, de short preto minúsculo, uma camiseta branca e sapatos de plataformas dignos de um espetáculo de drag queens. A única coisa que a protege do frio é um casaco de pele bem comprido que usa nos ombros e que não combina com o resto da roupa. Acho que já pegou confiança e não precisa mais se disfarçar de "mulher fatal". Parece ainda mais desinibida que na outra noite, e dá dois beijinhos em cada um como se nos conhecesse desde sempre. Estamos todos fora da *datcha*, eu sentada em cima da balaustrada da praia. Ela fica me olhando com um sorriso grande, e entendo que quer me agradecer pelos brincos que usa. De repente se volta, e em seu idioma a chama. Kateryna é uma loura de cabelo comprido e cacheado, bem baixinha, e usa um vestido azul salpicado de florzinhas vermelhas, e um cinto largo de couro azul que pretende aprisionar seus quadris e que imagino bem redondos. Tem uns olhos turquesa gigantescos e o nariz pequenino, digno de uma japonesa. Não sorri muito, parece um cachorro assustado. Trocamos um aperto de mãos muito frio, e de novo começo a me sentir culpada. Yana a está animando, e eu busco desesperadamente o olhar de Boris para entender o que está acontecendo. Yana começa a falar e falar, e Kateryna responde com frases muito curtas. Para mim tudo parece chinês, mas entendo que ela não está gostando muito da situação. Quando Yana pega Kateryna pela mão e entra com ela, quase correndo, na *datcha,* pela varanda da sala, nós as seguimos em fila indiana, obedecendo a essa princesinha que de repente se tornou chefe de nossa tribo. Yana começa a olhar para todos os lados. Parece claro que está procurando algo. Boris está completamente hipnotizado por Yana e não reage. Quanto a Kateryna, está constrangida e não sabe onde se enfiar; até que pego a garrafa de vodca, adivinhando o que Yana estava procurando. Ela e eu estabelecemos uma espécie de comunicação com os olhos. Kateryna literalmente pula na garrafa e bebe diretamente do gargalo. A ingestão de álcool parece ter um efeito imediato, pois ela começa a dançar. Yana continua falando com ela, aprovando sua atitude.

— O que ela está dizendo? — pergunto a Boris.

Boris se sobressalta. Parece ter saído de um sono profundo. Depois de pensar um pouco, responde:

— Está dizendo: "Eu amo você, você me ama, e só isso que importa. Pense que a amo, que nos amamos, e tudo vai dar certo".

Esta noite enchemos a sala de velas, e Giovanni começa a acendê-las, uma por uma, para criar um ambiente mais íntimo. É perfeito. O vestido de Kateryna, à luz das velas, fica transparente e deixa entrever um corpo generoso em curvas. Yana começa a abrir os botões do vestido de Kateryna, sem parar de se mover suavemente. Giovanni, como de costume, está sentado no velho sofá, olhando com atenção a cena e, de vez em quando, me lançando olhares para observar minha reação. Eu me aproximo e me sento ao seu lado. Ele me pega no colo e me dá um beijo na testa. Yana e Kateryna, enquanto isso, fundem-se em um beijo profundo, deixando entrever de vez em quando duas línguas que buscam como loucas todos os recantos de máxima sensibilidade. Giovanni e eu fazemos o mesmo. Ele tira docemente minha blusa de lã. E eu fico ali, prisioneira de minha atração por esse beijo lésbico e pelos braços de Giovanni. Até que sinto as mãos frias de Kateryna acariciando minhas costas e brincando com o fecho de meu sutiã.

Não pude fazer com Kateryna. E durante todo nosso trajeto de volta à Europa, disse a Giovanni que me sinto muito mal pelo que aconteceu em Odessa. Quando nos separamos no aeroporto de Frankfurt, não aceito o dinheiro que ele me oferece por tê-lo acompanhado. Não quero nada. Deixo Giovanni com cara de surpresa e pego um avião para Barcelona.

Quando estou no táxi que peguei no aeroporto de Barcelona, surgem em minha mente imagens de nossa viagem: a gaivota, nossas risadas no banheiro, as praias de pedras pretas que torturavam nossos pés, a pequena Yana, que é uma menina, mas sabe melhor que eu chupar sem babar. E todo esse contexto, ridículo, grotesco, de cimento comunista, totalmente surrealista. O espetáculo lésbico que Yana e sua amiga Kateryna fizeram na *datcha* a noite anterior, e depois o momento em que Kateryna se aproximou de mim para acariciar minhas costas e tirar meu sutiã. Ainda tenho a imagem gravada diante de meus olhos. E tenho certeza de uma coisa: estou apaixonada por Giovanni.

Mudança de século, mudança de pele

19 de dezembro de 1999

Volto para a Casa temerosa. Todas as garotas estão aqui hoje. De repente Isa, que está preparando sua viagem para o Equador no Natal, pega meu braço ao me ver e diz a Susana que vamos descer para tomar um café. Ela quer falar comigo.

— Você sabe que todo mundo é louco, não? Os homens que pagam mulheres para transar são loucos, mas as mulheres que aceitam se deitar com um homem por dinheiro são piores.

— Sim, eu sei. Mas o que está querendo dizer, Isa?

— Essas loucas andam falando certas coisas de você por aí, porque estão com inveja.

— Como o quê?

— Que você está roubando todos os clientes da casa, que os encontra fora daqui. Esse Pedro, que vinha toda semana, e que reapareceu quando você ficou doente; o italiano, e muitos outros.

— E o que tem Pedro?

— Ele veio e ficou com Mae, que é uma víbora. Disse que está apaixonadíssimo por você e que você não lhe dá bola. Ela deturpou tudo e disse que você o encontra fora da casa. Mae está tentando fazer sua caveira.

Essas confissões me parecem estranhas vindo justamente de Isa.

— Eu já imaginava que cedo ou tarde isso ia acontecer.

— Mae também disse que você deu seu telefone ao italiano.

É verdade, mas Mae se baseava em suposições, não em provas reais, porque, entre outras coisas, não as tinha.

— Claro que ela pode dizer o que quiser de mim.

— Sim, mas Mae está aqui há mais tempo que você, e Manolo vai acreditar nela, entende? Você vai ter problemas.

Manolo já mostrou que é um sujeito violento, e o que mais temo é que me machuque.

— Também andam dizendo que você é soropositiva.

— Que absurdo!

Já estão abusando. Com certeza Pedro, durante suas lamúrias com Mae por causa de seu amor por mim não correspondido, falou do episódio da camisinha furada. E ela enfeitou a história a seu bel-prazer.

— Quem disse isso?

— Quem poderia ser? Sempre a mesma loura louca. Ela quer espantar os clientes para que não queiram mais você.

Ocorrem-me um monte de insultos apropriados para Mae, mas tenho que me controlar para não me enrolar ainda mais.

— E vão me chamar de dedo-duro se você contar o que acabei de dizer. Por favor, nem uma palavra — roga Isa, suplicante.

— Não se preocupe. Obrigada por me contar tudo!

Voltamos à Casa, e Mae, que está se vestindo para sair com um homem que poderia ser seu pai, lança-nos olhares cínicos pelo espelho. Eu finjo não saber de nada. Depois aparece Manolo, seguido por Sofía, que chega para o turno da noite.

— Posso falar com você? — pergunta Manolo com um ar tão grave que parece que acaba de cometer um assassinato.

— Sim, claro — respondo, já pensando em negar tudo que ele vai dizer.

Vejo a cara de satisfação de Mae quando vê que Manolo está soltando fumaça, e despede-se com ironia.

— O bicho vai pegar — diz antes de fechar a porta.

Manolo começa a falar.

— É verdade que você vê Pedro fora daqui?

— Não, não é verdade — não minto. — Quem disse isso?

— O próprio cliente.

Fico pasma.

— Pois ele mentiu. Ele tentou ficar comigo várias vezes, mas eu nunca quis.

— E o italiano?

— O italiano deu três vezes no total. Nada mais. Aliás, ele não mora aqui, e não vejo como eu poderia vê-lo fora daqui.

Dessa vez eu me surpreendo por mentir tão bem.

— Pois há rumores que dizem que não é verdade.

— Mae deve ter inventado isso para me prejudicar, imagino.

— E por que ela quer prejudicar você?

— Sei lá! Porque tem inveja, suponho.

— Quero que saiba que não gostamos de ser enganados. Você tem sorte, pois não tenho prova disso tudo. Mas vou vigiá-la, e, no primeiro deslize, para o olho da rua, entendeu?

Já está me ameaçando, levantando os braços. Sofía está me olhando da porta da cozinha, fazendo movimentos com as mãos como para dizer que fique calada, porque senão as coisas vão ficar bem feias.

Não sinto ter infringido o regulamento da Casa porque nunca vi Pedro fora dali, e não cobrei nada de Giovanni. De modo que não tenho a sensação de ter pegado algo que não me pertencia. Prefiro não responder a Manolo, porque quero continuar trabalhando na Casa no final do ano. Se bem que desde o episódio de Odessa e da pequena Yana, tudo isso está me dando um pouco de nojo.

31 de dezembro de 1999

A mudança de século despertou a libido de todo mundo. Talvez porque se falou tanto a respeito, que seria o fim do mundo, que ia estourar uma guerra, que todos os computadores entrariam em pane. As pessoas estão com medo e querem viver as últimas horas da vida enfiando o pé na jaca.

Esta noite vieram até casais para realizar um sonho que nunca se atreveram a tentar. E eu trabalhei muito, com Cindy.

Meu celular fica desligado grande parte da noite. Quando o ligo de novo, vejo que tenho várias mensagens. Ouço-as.

Giovanni tentou falar comigo várias vezes e deixou mensagens na caixa postal me desejando feliz Ano-Novo. E me mandou uma mensagem de texto, que é a grande surpresa da noite:

> *"Falar de amor é muito bonito, mas também muito difícil.*
> *E acho que amo você".*

Na realidade, ele escreveu em inglês: "I think I love you", porque não sabe escrever em castelhano. Eu não esperava uma mensagem assim.

O resgate

4 de janeiro de 2000

Contei tudo a Giovanni. Os comentários de Mae sobre mim, as suspeitas e as ameaças de Manolo, minha situação pessoal e a sensação de que também me apaixonei por ele.

— Saia de lá imediatamente! — grita Giovanni ao telefone, preocupadíssimo.

— Como? Além do mais, ainda tenho coisas na casa, tenho que ir buscar.

— Esqueça suas coisas e pegue o primeiro avião. Talvez eles saibam onde você mora, e vão lhe dar uma surra. Venha passar um tempo na Itália. Quando voltar, mude de apartamento, entendeu?

Acho que Giovanni está exagerando um pouco. Mas está tão nervoso que aceito tudo que ele me diz.

23 de janeiro de 2000

Hoje sonhei com minha avó Mami. Ela estava correndo em um bosque denso, empurrando um carrinho de bebê com rodas enferrujadas. Devia ser outono, muitas folhas coloridas jaziam no chão. Mami havia feito um coque no cabelo. Camuflara-se com um longo casaco preto com botões de cima a baixo, como os dos militares. Seus gestos, apesar de tropeçar com o monte de folhas que atrapalhavam seus pés, eram leves e harmoniosos. Ela parou de repente, sem fôlego, e começou a acariciar o rosto do bebê que estava no carrinho.

Suas carícias dão calor ao meu coração e seu rosto doce me reconforta. Sinto que ela sempre esteve aqui, que nunca se afastou de mim. Ela vai enroscando os dedos nas mechas de meu cabelo. A sensação de um amor infinito me invade, e quando volto a cabeça em direção a seu rosto, ela está com os olhos fechados, mas esboça um sorriso porque sabe que a estou olhando. Seus lábios parecem estar com um batom rosado suave e não param de se mexer, tentando me dizer alguma coisa. "Descanse, minha menina." E, para dar ênfase a suas palavras, Giovanni me aperta mais contra seu corpo. Adormecemos de novo assim, no pequeno quarto de hotel onde me hospedei por um tempo.

E agora?

Hassan me ligou de novo. Não desistiu de tentar me convencer a ir para o Marrocos para trabalhar com ele. Eu digo que não. Não quero saber de mais nada, entre outras coisas, porque não quero curtir de novo o sabor amargo de farmácia da Coca-Cola.

Não tive mais notícias de Felipe, mas sei que sua empresa fechou. Parece que a história das porções de vida não funcionou. As pessoas são muito chatas mesmo.

Desde que terminou com o violinista, Sonia continua solteira.

Angélica e eu continuamos nos falando. De fato, estabelecemos uma grande amizade. O tempo que passávamos sem nos ver não importava. Cada vez que nos reencontrávamos era como se tivéssemos nos visto pela última vez na noite anterior. Quanto a Susana e Sofía, nunca mais ouvi falar delas.

Sei que as garotas da Casa foram embora. Manolo estava ficando insuportável, e elas decidiram ir para outro lugar. Que eu saiba, todas continuavam exercendo a mesma atividade.

Carolina rompeu definitivamente contato comigo, e receio que tenha caído de novo nos braços de Jaime, contra quem, aliás, estou movendo uma ação criminal que não deu frutos até agora.

Quanto a Pedro, vive separado da mulher, e, com o tempo, nos tornamos amigos. De vez em quando, saímos para beber alguma coisa e conversar.

Giovanni e eu não estamos mais juntos, mas mantemos contato. Tentei várias vezes lhe explicar todo meu processo interior, refletido neste diário. Ele me apoia e concorda com tudo, desde que eu me sinta bem, julgando-se, talvez, parte de uma terapia peculiar. Sei que ele faz isso com toda a boa intenção do mundo. Diz que sempre posso contar com ele. Mas nunca será a mesma coisa.

Continuo tendo uma relação privilegiada com o banheiro, esse lugar onde consigo evacuar psicologicamente o que ainda me pesa. Tudo flui, tudo vai embora, e é só dar descarga.

Não me arrependo de absolutamente nada. E se tivesse que viver as mesmas circunstâncias de novo, agiria igualmente, sem sombra de dúvida. Talvez seja difícil admitir, e parecerá estranho para muitos, mas os momentos que vivi dentro da Casa foram alguns dos melhores da minha vida, pelo simples fato de eu ter conhecido Giovanni e ter resgatado essa nova mulher que sou agora. Sinto que a cada dia vou trocando de pele, como as serpentes em algumas épocas do ano. A minha, agora, é mais leve de carregar, sutil, suave ao tato, e mais impermeável ao que me cerca.

E o leitor que não se engane! Este livro não é nenhum *mea culpa*, nem o retrato de uma vítima de um destino injusto e cruel. Não pretendo nada. Escrevi este livro para mim. É um gesto egoísta.

Fui uma mulher promiscua, sim. Porque pretendia, definitivamente, usar o sexo como meio para encontrar o que todos buscam: reconhecimento, prazer, autoestima e, enfim, amor e carinho. O que há de patológico nisso?

Nota da editora: Este livro foi escrito quando a moeda oficial da Espanha ainda era a peseta. Nesta edição atual, a unidade monetária foi substituída pelo euro (valores convertidos conforme a relação 1 euro = 166 pesetas).

Agradecimentos

A David Trias, meu editor, que confiou em mim desde o primeiro momento.

A Isabel Pisano, pois sem ela este livro nunca teria existido. Eu a amo incondicionalmente.

A Jordi, meu amigo. Sei que ele está me esperando com a caneta na mão para que eu autografe o primeiro exemplar.

A So, que aceitou meu isolamento sem reclamar e sempre me ofereceu todo seu apoio.

A Mimi, que muitas vezes me tirou do meu universo para me levar ao dela.

E finalmente a Giovanni, que me deu tudo sem nunca me pedir nada em troca.

Obrigada a todos, de coração.

Este livro foi composto em Warnock e Gabriola
e impresso pela RR Donnelley para a Editora
Planeta do Brasil em junho de 2015.